KB270535

SPARKNOTES™

인간불평등 기원론

Discourse on Inequality

장 자크 루소

다락원 | Spark Publishing

SPARKNOTES™ 005

인간불평등 기원론

펴낸이 정효섭
펴낸곳 (주)다락원

초판 1쇄 인쇄 2009년 2월 10일
초판 1쇄 발행 2009년 2월 17일

책임편집 안창열
디자인 손혜정
번역 강태원
표지삽화 손창복

다락원 경기도 파주시 교하읍 문발리 509-1
내용문의: (031)955-7272(내선 400)
구입문의: (02)736-2031(내선 112~114)
Fax:(02)732-2037
출판등록 1977년 9월 16일 제300-1977-23호

Copyright © 2009, 다락원

출판사의 허락 없이 이 책의 일부 또는 전부를
무단 복제 · 전재 · 발췌할 수 없습니다.
잘못된 책은 바꿔 드립니다.

값 7,000원

ISBN 978-89-5995-170-3 43740

http://www.darakwon.co.kr
일이관지(一以貫之) 논술팀이 제시한 실전 연습문제 답안작성
논술가이드는 www.darakwon.co.kr에서 무료 제공합니다.

세계의 교양을 읽는다

고전을 왜 읽는가?

인간의 삶과 세상에 대한 영원한 물음이 있기 때문이다. 시대와 사상을 뛰어넘어 지금 여기 우리에게 필요한 물음이 없는 고전은 더 이상 고전이 아니다. 인간과 삶에 대한 근원적인 물음 없이 고전을 읽는다면 자신과 인간에 대한 성찰과 지혜로 이어지지 않는다. 논술 시험 때문에, 과제물 때문에, 아니면 남들이 읽으니까, 나도 읽는다는 식이라면 그 책은 죽은 책일 수밖에 없다.

고전을 살아 있는 책으로 만드는 이 '물음!'에 답하기 위해서는 좋은 길잡이가 필요하다. 오랜 기간 동안 미국의 고교생과 대학 주니어들이 시험, 에세이 작성, 심층토론 준비를 위해 바이블처럼 애용해온 'SPARKNOTES'와 'CliffsNotes'는 바로 그런 좋은 길잡이의 표본이다. 이 두 시리즈가 원조 논술연구모임인 '일이관지(一以貫之)' 팀의 촌철살인적 해설을 곁들여 논술로 고민중인 대한민국 학생 여러분을 찾아간다.

SPARKNOTES와 CliffsNotes의 가장 큰 장점은 방대하고 난해한 고전을 Chapter별로 요약하고 분석해서 원전의 내용에 보다 쉽고 체계적으로 접근하는 신속·간편성이라고 할 수 있다. 여기에 '一以貫之' 팀이 원전의 중요한 문제의식, 즉 근원적 '물음'은 무엇이며, 그 '물음'은 오늘날에도 여전히 유효한가, 라는 질문을 다시 던진다.

대입논술로 고민하고, 자칭 타칭의 고전이 넘쳐나는 오늘의 독서풍토에서 지적 정복이 긴박한 대한민국 학생들에게 감히 이 시리즈를 자신있게 권한다.

一以貫之 논술연구모임 연구실장 이호곤

차례

이 책의 구성

SPARKNOTES와 CliffsNotes는 방대하고 난해한 원작을 보다 쉽게 이해할 수 있도록 돕는 안내서입니다. 여기에는 원작 이해를 돕기 위해 매 장마다 '요점 정리(또는 줄거리)'와 '풀어보기'가 실려 있습니다. '요점 정리(또는 줄거리)'에는 원저의 내용을 일목요연하게 정리해 놓아 저자가 전달하려는 내용을 어렵지 않게 파악할 수 있습니다. '풀어보기'에서는 철학서의 경우, 원저에 담긴 저자의 사상이나 관련 철학, 시대 상황, 논점 등을, 문학 작품인 경우에는 원작에 담긴 문학적 경향, 등장인물의 심리상태, 주제 등을 설명해 놓았습니다. 분석적이고 비판적인 글읽기의 바탕이 되는 요소들이죠. 비소설이나 소설을 막론하고 분석적이고 비판적인 글읽기는 독자에게 꼭 필요한 자질입니다.

그밖에도 원저를 좀더 깊이 복습해서 제대로 소화할 수 있도록 돕기 위해 'Study Questions'와 'Review Quiz' 등을 마련해 놓았습니다.

* 〈 〉는 철학서, 장편소설, 중편소설, 수필집, 시집. " "는 단편소설, 논문
* 작품명은 독자의 이해를 돕기 위해 예외적인 경우를 제외하고는 영어식으로 표기함.

⦿ 일이관지(一以貫之) 논술노트

권말에는 일이관지 논술팀에서 작성한 논술노트가 실려 있습니다. 원저를 우리의 삶과 연계시켜 비판적 사고와 논리적 글쓰기의 방향을 제시합니다.

⦿ 실전 연습문제

논술예제와 기출문제를 통해서는 원작을 바탕으로 출제 가능성이 높은 논점을 함께 숙고해 봅니다.

간추린 명저 노트

장 자크 루소 Jean-Jacques Rousseau의 〈인간불평등 기원론 *Discourse on Inequality*〉(1755)은 역사상 가장 강력한 근대성 비판서에 속한다. 이 저작은 근대 사회가 인간 본성에 끼친 심리적·정치적 영향을 추적하고, 나아가 그 영향력들이 어떻게 창출되었는지를 설명하고 있다. 그 목적을 달성하기 위해 루소는 인간의 진화 과정과 인간 불평등의 형성 과정이 서로 밀접하게 연관되어 있다는 점을 여실히 보여주었고, 그 결과 근대인이 어떻게 탄생했는지에 대한 포괄적인 설명과 근대 정치제도의 불평등성에 대한 날카로운 비판이 이루어졌다. 루소는 〈인간불평등 기원론〉(이하 '불평등 기원론')에서는 근대 정치제도의 문제점들을 개략적으로 진단하지만, 〈사회계약론 *Social Contract*〉에서는 진지하게 해결책을 구하려고 든다.

〈불평등 기원론〉은 원래 루소가 1754년 디종 아카데미의 현상 공모에 응모하기 위해 집필했다. 당시의 논제는 "인간 불평등의 기원은 무엇인가? 그리고 그것은 자연법에 의해 정당화될 수 있는가?"였다. 루소는 1750년에 첫 번째 저작인 〈학문예술론 *Discourse on the Arts and Sciences*〉(이하 '학예론')으로 디종 아카데미에서 최고상을 수상한 바 있다. 두 번째 저작인 〈불평등 기원론〉은 상을 받지 못했지만 출간과 함께 폭넓은 지지를 받으며 철학사에서 중요한 위치를 차지하게 되었다.

강렬하고도 열정적 담론인 〈불평등 기원론〉이 다루는 범위는 실로 방대하고 문체도 화려하며, 학문적 방법론 역시 탁월하고 과감하다. 루소는 이 작품을 통해 인간을 자연 상태로까지 거슬러 추적해가며 성서에 의해 권위를 갖는 그 간의 설명들을 대담하게 제거한다. 그러나 루소가 제시하는 내용의 핵심은 과감한 추측이고, 추론과 재구성의 실행이다. 비록 이 저작이 인간 본성과 여러 가지 정부 형태에 관한 18세기 논쟁들과 밀접한 관련을 맺고 있지만, 나름대로 폭넓고 독자적인 의미를 지니며 철학사에서 중요한 위치를 차지하는 까닭은 인간의 실체와 욕망을 탐구하고, 그 주제들이 현대를 살아가는 우리에게도 여전히 적용되는 본질적 물음이기 때문이다. 현대인들 역시 타인들의 견해가 극히 중요한 점증적인 욕망체계 속에서 존재하므로 루소의 중심 개념은 오늘날까지도 엄청난 파급효과를 갖는다. 이러한 사상의 흔적은 나중에 헤겔의 시민사회 개념이나 마르크스의 소외된 노동자에 대한 설명에서도 발견된다. 더욱 중요한 사실은 루소의 사상들이 오늘날 우리의 삶 속에서도 자명하게 적용된다는 점이다. 이를테면, 외모를 살피기 위해 거울을 들여다볼 때, 대중들 사이에서 자신의 인기가 어느 정도인지 궁금할 때, 그리고 친구들이 우리를 어떻게 생각하는지 의아할 때, 우리는 완벽하게 루소가 말하는 과정 속에 참여하고 있는 것이다. 현대의 삶이 불완전하고 불평등하다는 생각은 루소가 최초로 창안해낸 개념은 아니지만, 그는 불평등이 얼마나 분명히 실체를 드러내는지에 대해 매우 흥미로운 주장을 펼치고 있다. 당시에는 거의 모든 주요 철학자들뿐 아니라 수많은 일반인들이 〈불평등 기원론〉을 탐독했으며, 오늘날에도 18세기, 아니 실은 20세기를 이해하고 싶은 사람이라면 반드시 읽어야 하는 책이다.

헤겔의 시민사회는 가족과 국가 사이에 위치하는 영역으로 국가에 직접 의존하거나 종속되지 않고 시민법의 규제를 받는 사적 시장경제를 가리키며, 부르주아 사회라고 불렀다.

마르크스는 헤겔의 시민사회를 생산과 교환의 영역, 즉 자본주의적 생산관계를 의미하는 것으로 이해하고 노동자 계급의 해방을 추구했다. 따라서 자본가 계급이 지배하는 시민사회는 극복의 대상이었다.

루소의 생애

장 자크 루소는 1712년 6월 28일 제네바에서 태어났다. 어머니는 같은 해 7월 7일 세상을 떠났고, 시계수리공이었던 아버지 아이작 루소는 1722년 논쟁에 휘말렸다가 사람을 다치게 하고는 제네바를 떠났다. 그러나 아버지를 높이 평가한 루소는 〈불평등 기원론〉의 헌사에서 '내 삶의 은인인 고결한 시민'이라고 치켜세웠다. 루소는 공증인 사무소 서기와 동판조각가 견습공으로 일했으며, 정식 교육은 받지 못했지만 아버지가 소장했던 책들을 통해 고대와 근대 작가들의 작품을 섭렵했다. 1728년 어느 날 밤, 그는 불현듯 제네바에 갇혀 있다는 생각이 들자 출세를 좇아 외국을 여행하기로 결심했다.

루소는 사보이에서 유명한 가톨릭 신자 유한마담인 와랑 남작부인을 만나 연인 사이가 되었고, 함께 생활하는 동안 글을 쓰기 시작했다. 와랑 부인은 루소를 설득해 가톨릭으로 개종시켰다. 루소는 사무원, 음악 교사, 조각가로 일했고, 1740-41년에는 유명 작가인 마블리의 동생 집에서 가정교사 일을 했다. 1742-49년에는 파리에서 가르치는 일과 악보 필사로 아주 어렵게 살았다. 그는 디드로와 친구가 되었고, 디드로는 그에게 〈백과전서 *Encyclopedia*〉*에 글을 쓰도록 주선했다.

---

* **〈백과전서〉**: 과학·기술·학술 등 당시의 학문과 기술을 집대성한 대규모 출판사업 (1751-81년 간행). 프랑스 혁명의 사상적 배경이 된 이 사업의 집필과 간행에 참여한 계몽사상가 집단을 백과전서파라고 한다. 그들 대부분은 가톨릭교회와 절대왕정에 반대했다.

1750년대 초반, 루소는 몇 차례 성공을 거두었다. 디종 아카데미가 주관한 학술대회에서 〈학예론〉으로 최고상을 받았고, 오페라와 연극을 공연해 커다란 찬사를 얻었다. 1754년에는 〈불평등 기원론〉을 응모했으나 좋은 결과를 얻지는 못했다. 1756년에는 파리를 떠났고, 1758년에는 많은 계몽주의 철학자들과 결별했다. "달랑베르에게 보내는 편지"에서는 〈백과전서〉에 실린 제네바에 관한 그의 글을 공격했다. 나중에 볼테르와 벌였던 격렬한 논쟁은 가히 전설적이었다. 루소는 감상적인 소설 〈라 누벨 엘로이즈 *Julie, ou la Nouvelle Heloise*〉가 출간되면서 많은 추종자를 얻었지만, 〈에밀 *Emile*〉은 1762년 출간 후 파리 대학 신학부에 의해 신성모독죄로 고발당하고 파리 고등법원이 유죄판결을 내려 〈사회계약론〉과 함께 파리와 제네바에서 공개적으로 불태워졌다. 이어 프랑스 정부가 체포령을 내리자 스위스의 뉴샤텔로 도주한 그는 전기인 〈고백록(참회록) *Confessions*〉을 쓰기 시작했고, 정식으로 제네바 시민권을 포기했다. 그리고 프랑스 왕실과 볼테르를 비롯한 많은 사람들로부터 비난이 점차 거세지면서 스코틀랜드 철학자 흄의 제의를 받고 영국으로 거처를 옮겼으나 그와 논쟁을 벌이고는 이내 프랑스로 되돌아왔다. 1778년 7월 2일, 그는 갑자기 세상을 떠났고, 수많은 독자와 추종자들은 슬픔에 휩싸였다. 1794년, 프랑스 혁명정부는 그의 유골을

팡테옹*으로 이장했다.

역사적 · 철학적 상황

〈불평등 기원론〉의 철학적 영향을 추적하기는 아주 쉽다. 이 저작을 집필하기 전, 루소는 듀팡이란 세금징수원의 비서로 일하면서 몽테스키외의 〈법의 정신 *Spirit of the Laws*〉을 비롯해 다양한 작품을 읽고 요약하는 일을 했다. 근대성이란 고대 그리스 로마 시대의 영광이 더 이상 불가능한 타락하고 썩은 상태라고 주장한 〈법의 정신〉은 인간의 본성에 대해 비관적인 견해를 펼쳤다. 루소는 몽테스키외의 결론에는 결코 동의하지 않았지만 인간의 본성을 파헤치고 근대 정부를 해부하는 개념에서는 많은 도움을 얻었다.

루소는 플루타르크, 그로티우스, 홉스, 푸펜도르프 등의 고전과 근대 철학 및 문학 작품도 심도 있게 읽었다. 그 독서의 깊이를 보여주는 〈불평등 기원론〉의 각주는 철학서들뿐만 아니라 인류학과 기행문까지 폭넓게 인용하고 있다. 자연 상태의 인간이 어떻게 행동했을지를 보여준 야만족과 유인원에 대한 17, 18세기 여행자들의 설명은 인간성에 대

---

* **팡테옹**(Pantheon): 루이 15세가 건립한 생 쥬네비에브 교회. 프랑스 혁명 때 혁명세력에 의해 혁명에 공헌한 위인들의 묘지로 용도가 바뀜. '국가적 영웅에게 바치는 건물'이란 뜻.

한 루소의 주장에 불을 지피는 연료가 된다. 그는 인간 본성과 자연의 역사를 놓고 뷔퐁과 콩디야크같은 당대 작가들과 토론했다.

〈불평등 기원론〉을 제대로 이해하려면 몇 가지 철학적 배경도 알아야 한다. 극히 중요한 부분은 홉스와 그로티우스의 자연법 이론에 대한 루소의 반응이다. 고전주의 시대까지 거슬러 올라가는 자연법 이론은 모든 인간이 자기보존을 위해 동의할 수 있는 근거로서 신이나 이성에 의해 제시된 일련의 이론들을 밝혀내는 시도다. 루소가 〈불평등 기원론〉에서 답해야 할 의문은 불평등이 자연법에 의해 위임된 것인지의 여부지만, 이내 그 말을 자기의 주장에 맞춰 재정의하고 있다.

인간 본성과 정부 형태에 대한 당시의 논의 역시 중요하다. 몽테스키외 같은 철학자들은 그리스와 로마의 위대한 업적, 특히 고전적인 정부 체제의 재창출 가능성을 검토했다. 몽테스키외는 인간성은 타락했고 공화정은 오로지 엄청난 노력과 자제(自制)를 통해서만 가능하기 때문에 당시 유럽에서 가장 보편적인 정부 형태인 왕정이 근대 세계에서도 최상이라고 했다. 그에게는 인간 본성이 정치적으로 성취될 수 있는 것을 제한하는 요인으로 여겨졌다. 루소는 인간 본성과 근대 불평등의 바탕에 대한 의문과 씨름하면서 이 문제를 광범위하게 논의했다. 여기서 역시 간과하면 안 될 중요한 사실은 유럽에는 프랑스 같은 왕정이 지배적이었고 제네바 같은 공화국은 매우 드물었다는 정치적 상황이다. 루소가 〈불평등 기원론〉을 제네바에 헌정한 배경은 장이 거듭되면 알게 될 것이다.

〈불평등 기원론〉의 주요 역사적 배경은 계몽운동이라고 알려진 복잡한 사회 현상이다. 계몽운동은 프랑스에서 볼테르, 디드로와 〈백과전서〉의 집필자들로 대표되며, 중요한 관심사는 이성의 작용, 인간의 진보에 관한 생각, 기존 견해(독단론)와 종교적 권위에 대한 반감이었다. 계몽운동과 루소의 관계는 단순하지 않다. 그는 디드로를 비롯한 대표적 인물들과 가까웠고 〈백과전서〉에 글까지 썼지만 나중에는 논쟁을 벌였다. 루소가 〈불평등 기원론〉에서 여러 면으로 이성의 진보에 대해 극히 부정적이었다는 점은 더욱 주목할 만하다. 그는 사회, 이성, 언어의 성상이 인간으로 하여금 놀라운 일을 할 수 있도록 만드는 동시에 '망칠' 것이란 점을 분명히 했다. 이러한 주장은 정확히 계몽운동이 표방하는 미래상이 아니다. 그러나 루소의 작품 배경으로서 계몽운동의 다양한 관심사를 검토하는 것은 중요하다.

루소의 영향은 너무 광범위해서 도식화하기는 어렵다. 프랑스를 비롯한 도처에서 18세기의 수많은 식자들이 그의 글을 읽고 반응했으나 루소는 나중에 〈고백록〉에서 "유럽 전역에서 … 〈불평등 기원론〉을 … 이해하는 사람은 아주 드물었고, 그들 가운데에서도 이 작품에 대해 논의하고자 했던 사람은 전무했다”고 썼다. 그는 이전 작품인 〈학예론〉의 비판자들과는 폭넓게 토의했지만, 〈불평등 기원론〉의 주요 비판자들인 샤를 보네와 샤를 르 르와에게는 답장을 보내지 않았다.

〈불평등 기원론〉은 디종 아카데미의 심사위원들에게는 깊은 인상을 남기지 않았을지 몰라도 많은 추종자를 낳았다. 이 작품에 담긴 루소 사상의 관점들, 특히 근대 사회를 통치할 체제가 점점 더 필요해진다는 사상은 헤겔의 시민사회에 대한 설명과 어쩌면 마르크스의 노동 소외에 관한 사상에서도 발견된다. 이 작품이 미친 가장 위대한 영향이라면 인류의 준엄한 철학적 역사를 집필하려고 했던 최초의 시도 가운데 하나였다는 점을 꼽을 수 있다.

| Who's who |

헤겔(Friedrich Hegel. 1770-1831): 칸트 철학을 계승한 독일 관념론의 대성자. 합리주의적 계몽사상의 한계를 통찰하고 역사의 의미에 눈을 돌렸다. 모든 인식이나 사물은 정(正)·반(反)·합(合)의 3 단계를 거쳐 전개된다는 변증법이 그의 철학과 논리학의 핵심. 주요 저서는 〈정신현상학〉 등.

마르크스(Karl Heinrich Marx. 1818-83): 독일 경제학자, 정치가. 헤겔의 영향을 받아 급진 자유주의자가 되었다. 과학적 사회주의의 창시자. 주요 저서는 〈공산당 선언〉(엥겔스 공저), 〈자본론〉 등.

디드로(Denice Diderot. 1713-84)**:** 프랑스 철학자, 문학자. 대표적인 계몽사상가이자 철저한 유물론자로, 최신 생물학과 화학을 사고(思考)에 도입했다. 백과전서파. 주요 저서는 〈달랑베르의 꿈〉 등.

달랑베르(Jean Le Rond d'Alembert. 1717-83)**:** 프랑스 수학자, 물리학자, 철학자. 베이컨의 사상을 기초로 과학의 기원과 역사적 발전을 고찰하고 분류를 시도했다. 백과전서파. 주요 저서는 〈역학론(力學論)〉 등.

볼테르(Voltaire. 1694-1778)**:** 프랑스 작가이자 대표적 계몽사상가. 본명은 Francois Arouet. 반봉건·반교회 운동을 주도하면서 많은 비판적 글을 발표했다. 백과전서파. 주요 작품은 〈자디그〉, 〈캉디드〉 등.

흄(David Hume. 1711-76)**:** 영국 철학자. 홉스의 사회계약설을 비판하고 공리주의를 지향했다. 주요 저서는 〈인성론〉 등.

몽테스키외(Montesquieu. 1689-1755)**:** 프랑스 계몽사상가. 국가 권력이 사법·입법·행정의 3권으로 나뉘어 서로 견제하고 균형을 이루어야 비로소 개인의 자유가 확보된다는 3권 분립이론은 왕정 복고와 미국의 독립 등에 영향을 주었다. 주요 저서는 〈로마인의 성쇠원인론〉 등.

플루타르크(Plutarch. 46?-120?)**:** 고대 로마의 그리스인 철학자, 저술가. 플라톤 철학을 신봉했으며, 철학·신학·문학·수사학 등 다방면에 박학다식했다. 그리스어 이름은 Plutarchos. 주요 저서는 〈(플루타르크) 영웅전〉 등.

그로티우스(Hugo Grotius. 1583-1645)**:** 네덜란드 법학자. 근대 자연법 원리에 입각한 국제법의 기초를 확립해 '국제법의 아버지'로 불린다. 주요 저서는 〈전쟁과 평화의 법〉 등.

홉스(Thomas Hobbes. 1588-1679)**:** 영국 철학자. 성악설을 전제로, 사람은 각자의 이익을 위해 계약으로 국가를 만들어 '자연권'을 제한하고, 그것을 국가를 대표하는 의지에 양도하고 복종해야 한다고 주장했다. 〈리바이어던〉에서는 전제군주제를 이상적인 국가형태라고 함. 주요 저서는 〈철학원리〉, 〈자연법과 국가의 원리〉 등.

푸펜도르프(Samuel Pufendorf. 1632-94)**:** 독일 법학자, 역사학자, 정치가. 법학을 신학과 구별하고 인간본성론이나 이성에 기초한 근대 자연법론을 창시했다. 주요 저서는 〈자연법과 국제법〉 등.

뷔퐁(George Louis Leclerc de Buffon. 1707-88)： 프랑스 철학자, 박물학자. 생명은 무수한 미립자로 이루어졌다는 유기분자설 수립. 진화론사(進化論史)에서는 선구자의 한 사람으로 꼽힌다. 주요 저서는 〈박물지〉 등.

콩디야크(Etienne Bonnot de Condillac. 1714-80)： 프랑스 철학자, 신부. 인식의 유일한 원천은 감각이며, 이것이 변형되어 주의·반성·판단·추리·기억 같은 일체의 의식현상이 생긴다는 경험론적 감각주의를 주장했다. 주요 저서는 〈감각론〉 등.

샤를 보네(Charles Bonnet. 1720-93)： 스위스 박물학자, 철학자. 처녀생식을 발견했으며, 진화란 용 어를 생물학적 맥락에서 최초로 사용한 인물 가운데 한 사람으로 꼽힌다. 주요 저서는 〈자연의 계획〉 등.

〈불평등 기원론〉의 목적은 사람들 사이에 나타나는 불평등의 바탕을 검토하고, 그 불평등이 자연법에 의해 위임되었는지의 여부를 판단하는 것이다. 루소는 사람들의 합의로 이루어진 근대의 도덕적 불평등은 부자연스럽고 진정한 인간 본성과도 무관하다는 것을 입증하려고 했다. 그는 자연법의 검토 방안으로 인간성을 고려하고, 그 본성이 근대인과 근대 사회를 낳기 위해 수세기에 걸쳐 어떻게 진화했는지를 도식화해야 한다고 주장한다.

루소는 그 일을 해내기 위해 사회와 이성이 발달하기 이전인 상상의 자연 상태에서부터 연구를 시작해서 인간 창조와 진보에 대한 성경의 해석을 버리고 자연 상태의 인간 모습을 추론하려고 한다. 인간의 육체적·정신적 특성을 검토한 그는 인간에게서 다른 동물들과 유사한 특성인 연민과 자기보존이란 동기를 발견한다. 인간을 동물과 구분시켜주는 유일한 속성이라면 완성가능성이다. 자연 상태의 인간은 필요한 것이 거의 없고, 선과 악의 개념도 없으며, 다른 인간들과도 거의 접촉하지 않지만 행복하다는 것.

그러나 인간은 변하지 않을 수 없다. 완성가능성이란 특성은 인간을 환경에 따라 변화하고 반응하도록 만든다.

지진과 홍수 같은 자연 재해는 인간을 지구 도처로 내몰고 언어와 다른 기술들을 발전시키도록 한다. 인간들이 서로 점점 자주 접촉하게 되면서 소규모 집단이나 사회가 형성되기 시작한다. 인간의 마음이 발전하고 다른 사람들에 대해 더 많이 알게 됨에 따라 일련의 새로운 욕구도 생겨난다. 이성과 사회의 등장은 서로 관련이 있지만, 진화 과정은 부정적인 특성을 지닌다. 사람들이 집단을 이뤄 살게 되면서 연민과 자기보존은 자기애로 대체되고, 그것으로 인해 다른 사람과 자기를 비교하고 급기야 행복해지기 위해 다른 사람들을 지배할 필요를 느끼게 되는 것이다.

사유재산의 등장과 노동 분화는 도덕적 불평등의 시작을 나타낸다. 재산은 부자가 가난한 자를 지배하고 착취하게 만든다. 그러나 애초부터 부자와 가난한 자의 관계는 위험하고 불안정해서 결국 격렬한 전쟁으로 치닫곤 한다. 부자들은 전쟁을 피하기 위해 가난한 자들을 속여 정치적 사회를 창설하게 만든다. 가난한 자들은 이러한 사회가 자기들의 자유와 안전을 지켜줄 것이라고 믿지만 실제로는 이전에 존재했던 지배 관계를 고착화시켜 불평등을 확립하는 법률을 낳을 뿐이다. 이제 불평등은 인간의 본성과는 다소 무관하고, 신체적 불평등은 도덕적 불평등으로 대체된다.

루소는 다양한 발전 단계에 초점을 맞춰 사회의 작용을 설명한다. 사회는 부자들이 써먹는 술책부터 시작되어 점점 불평등해지고 마지막 단계에는 한 사람이 모두를 지배하는 독재체제가 된다. 이러한 발전 과정은 불가피한 것은 아니지만, 그 가능성은 지극히 크다. 부(富)가 사람들의 비교 기준이 되면서 싸움과 독재체제가 가능해졌다. 루소가 꼽는 최악의 근대 사회라면 돈이 유일한 가치척도인 곳이다.

〈불평등 기원론〉의 결론은 명백하다. 불평등은 인간들의 육체적 차이와 관련이 있을 경우에만 자연스럽다는 것. 그러나 근대 사회의 불평등은 인간 본성을 타락시키고 인간을 법률과 재산에 종속시킨 인간의 진화 과정에 기인하고, 법률과 재산은 모두 도덕적 불평등이라고 지칭되는 새롭고 부당한 불평등을 지탱한다. 루소는 이런 상황은 받아들일 수 없다면서도 개선 방법에 대해서는 거의 실마리를 제시하지 않고 있다.

● **자기애(이기심)** amour propre | 본질적으로 자기보존 (자애심 amour de soi)과 정반대. 자기애는 타인들과 관련해 자신만을 심각하게 인식하고 존중하는 태도다. 야만인들은 생존에만 관심을 가졌던 반면, 문명인들은 자신에 대한 타인들의 견해에 대해서도 몹시 신경을 쓴다. 이것은 아주 해로운 심리적 기형의 하나이며, 인간의 이성과 정치적 사회들의 발달과도 연결된다. 그 근저에는 존재와 외관 사이의 차이가 자리하고 있다. 야만인은 그저 '존재'할 수 있을 뿐, 가식이란 개념을 전혀 갖고 있지 않다. 그러나 문명인은 자신을 타인과 비교할 수밖에 없고 결국 자신까지 속이게 된다. 루소는 자기애의 발달 과정을 추적하려고 최초의 마을 축제까지 거슬러 올라간다. 그 축제에서는 마을 사람들이 춤과 노래 경쟁을 통해 서로의 재능과 능력을 더욱 잘 알아보게 된다. 자기애는 부(富)가 지배하는 사회에서 가장 극명하게 드러나고, 그곳에서는 모두가 공허하고 해로운 기준에 의해 비교된다.

● **계몽운동** Enlightenment | 여기서 루소가 의미하는 것은 언어와 이성, 도덕적 능력들을 최대한 발전시키는 것. 루

소, 볼테르, 칸트, 몽테스키외 등의 사상가들이 관여했으며, 특히 인간의 진보에 관한 문제, 이성의 역할 등을 논했던 17, 18세기의 철학 운동을 가리킨다. 그 핵심은 인간은 이성의 힘에 의해 우주를 이해하고 자신의 상황을 개선할 수 있다는 것. 이성적 인간의 목표로는 지식·자유·행복을 꼽았다.

● **도덕적 불평등** moral inequality | 정치적 불평등이라고도 하며, 자연적 인정에 배치되는 바탕에 근거한다. 자연에 의해서가 아니라, 인간 사이의 관습이나 합의에 의해 생긴다. 부, 권력, 지위 또는 계급의 차이를 가리키며, 한 사람이 다른 사람들을 희생시켜 이득을 얻는 것이다. 많은 저자들은 이것을 자연 상태의 상황과 혼동했지만, 루소는 이러한 형태의 불평등이 최근에 생겨났다고 주장했다.

● **자연법** natural law | 루소가 〈불평등 기원론〉에서 밝히듯 복잡한 전통을 가지고 있다. 근대의 주요 인물로는 홉스, 그로티우스, 푸펜도르프 같은 이론가들을 꼽을 수 있다. 본질적으로 인간의 보존을 위해 절대자나 자연에 의해 설정된 일련의 법률 또는 계율을 가리키며, 무엇이 옳고, '마땅히 어때야 하는지'를 규정한다. 요컨대, 그러한 의무들은 모두에게 적용된다. 자연법은 인간이 생존과 실리를 위해 행

동할 수 있는 하나의 기본 틀을 제시하는 것으로, 홉스와 그로티우스는 종교적·정치적 분쟁을 종식시키는 확고한 근거를 제공하기 위해 의도된 것이라고 본다. 〈불평등 기원론〉에서 해답을 모색하는 의문은 불평등이 자연법에 의해 정당화되는가의 여부다. 즉, 인간의 차이가 과연 '자연스럽고' 유용한 것이냐, 하는 점이다. 루소는 그 의문을 교묘하게 비틀어놓는다. 그는 우리가 인간의 진정한 본성을 제대로 이해하지 못한다면 어떻게 자연법을 가질 수 있겠느냐고 묻고, 이 과정에서 이성적 존재(즉, 인간)만이 자연법에 참여하거나 자연권을 가질 수 있다는 통념에 의문을 던지는 것. 자연권 참조. 오늘날에는 민족·시대·사회에 따라 그 내용이 변하는 실정법과 대비되는 개념으로 쓰이며, 영구불변의 보편타당성을 지니는 것이 특징. 자연법의 내용에 대한 해석은 시대에 따라 다르다. 고대에는 자연적 질서, 중세에는 신의 섭리, 근대에는 인간의 합리적 본성이나 이성.

● **자연권** natural right | 거의 대부분 자연법과 연계되며, 많은 사상가들은 인간이 합리적 존재인 덕택에 지니게 되는 권리 또는 자격이라고 한다. 우리는 자신의 생명을 보호할 권리처럼 무엇을 하거나 가질 자연적 권리를 향유할 수 있다. 루소는 그 같은 정의(定義)는 최근에 발달했을지도 모를 이성의 역할을 강조하는 것이 문제라면서, 대신 자연

권 사상의 근거를 그가 이성 이전에 존재했다고 부르짖는 연민과 자기보존 원칙에 둔다. 루소가 제시하는 인간 본성의 재구축 목표 가운데 하나는 자연권 개념이 인간의 사회성과 정치제도가 자리 잡기 이전에 성립할 수 있었다는 사실을 보여주는 것이었고, 그것을 통해 자연 상태가 혹자들의 말처럼 끔찍한 상태는 아니라고 주장한다. 연민, 자기보존, 자연법 참조.

● **자연** Nature | 〈불평등 기원론〉에서는 커다란 역할을 수행한다. 이 용어의 몇 가지 의미는 자명하다. 첫째, 인간 본성은 인간 존재의 행동과 장래성에 대한 묘사다. 둘째, 자연은 생물의 총체이고, 인간이 존재하는 환경이다. 가장 중요한 셋째는 자연은 인간의 발전을 이끌고 형성하는 성스러운 힘이나 권력이란 점이다. 몇몇 관점에서 보면 자연은 신의 섭리, 즉 절대자의 개입이라는 기독교적 개념과 일맥상통한다. 인간의 발전을 실현시켜주는 완성가능성과 자연재해는 신이 인간을 위해 자연을 매개로 표현한 계획의 일환이다. 다양한 형태의 자연은 루소 철학의 중심 주제다. 자연 상태 참조.

● **자연 상태** the state of nature | 인간 사회가 발달하기 이전, 인간의 참된 본성이 뚜렷했던 가상의 상태. 사상가들

이 인간 본성으로부터 사회와 정치 이론을 도출해내고자 할 때 활용하는 전통적인 출발점이다. 〈불평등 기원론〉의 상당 부분은 그 같은 상태가 어떠했을지를 상상하려는 시도이자 다른 사상가들의 유사한 시도에 대한 비판이다. 루소는 특히 〈리바이어던〉에서 자연 상태를 '만인에 대한 만인의 투쟁'이라고 주장한 토머스 홉스에게 비판적이었다. 홉스는 인간의 자연 상태(삶)는 '외롭고, 궁핍하고, 비열하고, 잔인하고, 짧다'는 말도 했다. 루소는 이 같은 본보기는 사회의 진화에 의해 기형화한 인간과 자연 상태의 인간, 그리고 자연 상태와 문명 상태를 혼동하는 것이라고 주장한다. 자연권, 자연법 참조.

● **완성가능성** perfectibility │ 자아를 향상시키고, 자기의 환경을 변화시키며 환경에 의해 변화될 무궁무진한 인간의 능력이자 인간과 다른 동물을 구분 짓는 대표적 특성. 이성과 언어의 발달은 모두 완성가능성의 작용이다. 인간이 '스스로를 완벽하게 만든다'는 것은 반드시 완벽해진다기보다는 시간의 흐름과 함께 신체적·정신적 능력들이 나은 쪽으로 재형성된다는 의미라고 하겠다. 완성가능성은 인간을 원래의 자연 상태에서 끌어내고 비범한 적응력을 발휘하게 만들지만, 모든 불행의 근원이기도 하다. 그리고 계몽과 인간의 미덕을 창출하지만 모든 악덕을 낳기도 한다.

● **신체적 불평등** physical inequality │ 자연적 불평등이라고도 하며, 신체적·정신적 차이에 기인하고 자연에 의해 확립된다. 연령, 건강, 힘, 그리고 지적 능력의 차이 등이 모두 신체적 불평등에 해당한다. 루소는 신체적 불평등의 기원에 대해서는 탐구하기를 거부한다. 그것은 그냥 '존재'할 뿐이고, 자연에 의해 정해졌기 때문이다. 그리고 이 같은 기본적 불평등과 거기에서 파생된 도덕적 불평등 사이의 연계를 입증하려고 들지도 않는다. 〈불평등 기원론〉의 목적은 신체적 불평등에서 도덕적 불평등으로의 변환이 어느 정도나 불가피한지를 개략적으로 보여주자는 것이다. 도덕적 불평등 참조.

● **연민** pity │ 루소가 이성 이전에 존재하는 것으로 간주하는 두 가지 핵심 요소 가운데 하나이며, 자연권 이론의 바탕이다. 모든 인간은 다른 감각 있는 생명체, 주로 사람이 고통당하는 모습을 보면 자연스레 혐오감을 느낀다. 이처럼 인간은 타인에게 연민 충동을 갖기 때문에 자기보존이 위협받지 않는 한, 자진해서 다른 생명체를 학대하지 않을 것이라고 주장한다. 야만인은 적극적으로 타인에게 선행을 베풀려고 들지는 않지만 연민의 원칙에 의해 해를 끼치려는 시도는 억제된다. 루소의 관점에서 연민과 자기보존의 원칙은 사회로부터 독립적인 인간들 속에 존재하는 가장

기본적인 충동이기 때문에 자연권은 그 원칙들에 근거해서 확립된다.

● **자기보존** self-preservation | 연민 이외에 자연권을 태동시키는 또 다른 핵심 요소. 자기보존 욕구는 감성적인 존재로 하여금 극한 상황에서만 다른 생명체에 해(害)를 가하도록 내몰 수 있는 유일한 요소다. 홉스와 그로티우스 같은 다수의 자연법 사상가들은 자신의 생명을 구할 인간의 권리나 의무의 기본적 성격을 강조하지만, 루소가 자기보존을 타인에게 고통을 야기시키지 않으려는 뿌리 깊은 욕구와 결부시키는 것은 상대적으로 예외성을 갖는다. 즉 자기보존만을 강조하거나 내세우지는 않는다는 것. 자기애 참조.

철학적 주제, 사상, 논쟁들

자연스러움을 밝히다

자연스러움은 사실상 〈불평등 기원론〉을 정의하는 개념이다. 이것은 루소가 이 작품의 서두에서 인용한 아리스토텔레스의 말에 요약되어 있다. "자연스러움의 본질은 타락한 존재들 속이 아니라 자연의 원칙에 따라 처신하는 양호한 존재들 속에서 탐구해야 마땅하다"는 것. 아리스토텔레스의 논점인즉슨, '자연스러움'(자연 상태)은 인간이 따라야 할 기준도 설정해 주기 때문에 '자연'을 정확히 파악하는 것이 중요하다는 말이다. 루소 역시 보다 정확한 방법으로 자연 상태의 인간을 탐구할 필요성이 있다고 주장한다. 그 이유는 당시의 대다수 사상가들이 해롭고 타락한 불평등을 정당화하기 위해 자연이란 개념을 잘못 사용하고 있었기 때문이다. 근대 불평등의 토대를 와해시키는 최선책은 그것이 인위적이고 '부자연스럽다'는 사실을 밝히는 것이다.

부자연스러움을 밝혀내는 일은 아주 어려우며, 인간의 진정한 본성 위에 수세기 동안 켜켜이 축적된 많은 껍질을 다시 벗겨내는 일이기도 하다. 이 작업은 근대 사회와 탐탁지 않은 비교를 내세우기 때문에 힘든 일이다. 인간의 자연스러움이 과연 무엇이냐에 대해 깊이 생각한 루소는 많은 사람들이 인간 존재의 핵심이라고 여기곤 했던 이성과 언어 같은 자질은 그것에 포함되지 않고, 사유재산, 법률, 도덕적 불평등 같은 구조들도 수반하지 않는다는 사실을 깨닫는다. 그러나 자연스러움을 밝혀내는 일은 상상적인 방법으로만 행해질 수 있었다. 따라서 루소는 자연 상태로의 회귀는 불가능하며, 그의 연구는 '추론'에 불과하다는 것을 분명히 말한다. 이처럼 자연 상태를 밝히는 일은 엄청난 파급효과를 갖지만 실제로 행해질 수 있는 일은 아니다.

타락

타락이란 주제는 자연이란 주제와 밀접하게 연관된다. 루소는 타락을 인간이 진정한 본성에 도달하려면 제거해야 할 것으로 생각한다. 타락은 그가 묘사하는 인간의 발전 과정에서도 중요한 부분이다. 이성이 발전하고 계몽주의가 등장하는 것과 때를 맞춰 인간은 타락하고 본래 상태로부터 쇠락을 경험한다. 루소는 이러한 타락이 정신적이면서도 정치적인 과정이라고 분명히 말한다. 정신적 타락은 인간이 새로운 욕구 체계와 자기애의 작동에 종속되면서 일어나고, 그 정도는 타인의 견해에 쏟는 관심, 다른 생명체에게 느끼는 기본적 연민의 상실, 삶에 대한 총체적 불만에서 자명하게 나타난다. 루소가 〈불평등 기원론〉 제2부에서 언급하듯, 근대인들은 '기만적이고 천박한 외관, 덕이 없는 명예, 지혜 없는 이성, 행복 없는 쾌락 이외'에는 가진 것이 없다.

타락은 정치적 현상이기도 하다. 루소의 묘사를 보면, 근대 사회는 가난한 사람들을 우롱하는 술책에 바탕을 두고 있으며, 그것은 자연 상태나 초기 사회와도 탐탁지 않게 비교된다. 정치적인 사회가 타락하는 이유는 그들의 자유를 지켜줄 것이라고 믿는 사람들을 착취하기 위해 써먹는 거짓말에 바탕을 두기 때문이다. 궁극적으로 두 종류의 타락은 서로를 강화시킨다.

진정성과 근대의 삶

이 주세는 제2부의 끝부분에 접근하면서 점차 뚜렷해진다. 루소는 근대 사회의 많은 문제들을 분석하지만 어쩌면 이 주제가 가장 중요할지 모른다. 근대인을 노예로 만드는 욕구 체계와 '자기애'의 작용으로 사람은 자기 자신과 타인들에게 모두 진실하지 않게 된다. 사람은 끊임없이 동료 시민들을 속이고 지배할 방법을 생각해내려고 하기 때문에 그들에게 진정으로 행동할 수 없다. 사회를 세우고 사유재산을 창조해낸 사람들은 타인들을 기만했고, 그의 후손들도 비슷하게 행동한다. 더욱 중요한 것은 근대인들은 자신에게도 정직하지 않다는 사실이다. 그들이 부분적으로는 우스꽝스러운 욕구와 '겉치레 열정'에 통제될 뿐 아니라 본성이 참되지 못하기 때문이다. 근대인들은 참된 인간 본성으로부터 너무나 동떨어지게 진화되어 야만인들이 거의 알아보지 못할 정도일 것이다. 근대적인 삶은 이처럼 진정성이 결여된 상태에서 구축된다.

반면, 야만인은 자신뿐만 아니라 타인에게도 진실하다. 그는 욕구를 제한하며 타인을 지배하려는 욕망은 전혀 없다. 사실, 야만인이 타인과 교류하는 몇 안 되는 경우는 애초부터 생식을 위한 것뿐이다. 그에게는 기만이란 개념이 없기 때문에 타인을 이용해먹거나 기만할 가능성도 전혀 없다. 야만인은 그저 '존재'할 수 있을 뿐인데, 근대인은 '존재'하고 '모습을 내보이도록' 강요받기 때문에 진실해지지 못한다.

욕구

근대 사회의 배후에 놓인 핵심 추진력. 인간에게 어떤 목적이나 행위를 갈망하도록 만드는 정념에서 생겨난다. 자연 상태에서는 욕구가 단순하고 생존에 필요한 것들—식량, 휴식, 이성(異性)—에 국한된다. 그러나 사회와 협동이 발달하면서 인간에게는 채워야 할 한가한 시간이 많아졌다. 그 결과, 점점 더 많은 욕구가 생겨나고 차츰 시간이 지나면서 필수 요소가 된다. 루소에 따르면, 사교(社交), 이국적 음식, 여흥 같은 것들이다. 이 새로운 욕구들은 처음에는 즐겁겠지만, 인간을 속박하고 삶을 형성한다. 결국에는 욕구들이 사람을 통제해 타인의 노예로 전락시킨다는 것. 누군가가 자기 욕구를 충족시키기 위해 타인들을 필요로 하거나 단순히 타인의 욕구만이 필요할 경우에는 또 다른 사람이 그를 지배할 수 있다. 루소는 불필요한 욕구들이 근대 불평등의 바탕이라고 말한다.

이 주제에 대한 지속적인 분석이 〈불평등 기원론〉의 핵심이다. 인간 본성처럼 욕구도 인간이 발전함에 따라 변하고 타락하게 되는 개념이다. 욕망 체계에 관한 루소의 생각은 헤겔의 시민사회 개념에도 영향을 주었으며, 오늘날에도 그 반향을 불러일으킨다. 번영, 소비재, 그리고 대중매체의 시대에도 가공적인 욕구의 노예가 된 사람들에 대한 루소의 묘사는 매우 설득력이 있어 보인다.

자유

〈불평등 기원론〉과 〈사회계약론〉의 주제. 루소는 국가의 유일한 목적은 국민의 자유를 확보하는 것이고, 최악의 정부 형태는 대다수 사람들이 자유롭지 않은 곳이라고 주장한다. 실제로 〈사회계약론〉은 만인의 자유가 실현될 수 있는 사회를 창조하려는 시도다. 그에 비해 〈불평등 기원론〉은 그 누구도 실제로 자유로울 수 없는 사회를 묘사하고 있다.

누군가가 타인을 지배한다는 것은 피지배자가 자유롭게 행동할 수 있는 여지를 축소시킨다. 사유재산과 법률들도 시민의 자유에 영향을 끼치지만, 거기에 동의하는 사람들은 일반적으로 그것들이 그들의 자유에 대한 합리적인 제약이라고 믿는다. 그러나 불평등과 사유재산은 반드시 지배 관계를 만들어내기 때문에 실질적으로 사회 내에서의 진정한 자유는 실현될 수 없다. 오로지 자연 상태이거나 전혀 다른 형태의 사회에서만 진정한 자유가 존재할 수 있을 것이다. 이것은 마르크스가 〈공산당 선언〉에서 인용한 대목이기도 하다.

그러나 루소가 묘사하는 자유는 정치 제도와 법률들에만 의존하지 않고, 심리적 자유, 즉 욕구로부터의 자유라는 개념도 포함한다. 근대인은 부분적으로는 타인이 그를 지배하고 착취하기 때문에 자유롭지 못할 뿐 아니라, 스스로도 자기 욕구의 노예이기 때문에 자유롭지 못하다. 인간은 타인을 필요로 하거나 타인의 의견에 의존하는 한, 결코 자유로울 수 없다. 야만인은 타인에게 의존하지 않고 지배 관계에 놓이지 않기 때문에 그 두 가지 의미에서 자유롭다. 이같은 원시 형태의 자유는 근대 사회에서는 더 이상 불가능하다고 루소는 분명히 밝힌다. 그가 성취할 수 있다고 생각하는 자유가 어떤 것인지 알고 싶으면 〈사회계약론〉을 읽어보시라.

Part별 정리 노트

제네바 공화국에 바치는 글

루소는 〈불평등 기원론〉을 제네바 공화국에 헌정한다. 그 이유는 그가 제네바의 시민이어서가 아니라 당시의 제네바야말로 그의 판단기준에서 볼 때 두 종류의 불평등—사회적 불평등과 자연적 불평등—에 관해서는 최적의 배합 형태를 대변할 뿐만 아니라 이 같은 불평등에 대한 담론이야말로 이 논문의 핵심이기 때문이다. 루소가 볼 때, ('유덕하고 행복하고 민주적이고 굳건하게 안정되어 있으며, 독립적이고 존경받는 행정관들이 존재하는') 제네바는 전 세계에서 가장 높은 정치 수준을 대표하는 도시국가로서 최상의 인간적 특성들을 보여주는 한편, 인간 사회가 지닌 최악의 폐단을 계속 막아왔다. 그는 많은 지면을 할애해서 그 장점들을 일일이 열거하며 그 도시를 칭찬한다. 제네바가 지닌 장점들은 도시의 적정 규모, 전쟁으로부터의 해방(국력이 모자라 정복욕에 사로잡히지 않고, 지리적으로도 정복당할 염려가 없는 좋은 위치), 시민과 행정관들의 훌륭한 유대 관계, 신학자와 문학가들의 완전한 결합, 제네바 사회에서 차지하는 여성이란 존재의 중요성, 확정된 국경선 등이다. 루소는 제네바가 이룰 미래의 행복과 성공은 이러한 장점들에 달려 있다고 주장하면서 그 대미를 장식한다.(루소는 동향인인 제네바 사람들에게 아버지가 표본이라고 말해 주었던 고대 도시국가들이 갖추었던 덕목과 행복을 그대로 보존하라고 권고한다.)

: 풀어보기

이 부분은 생략해도 무방한 부분처럼 보일 수 있지만(마치 헌법의 전문처럼) 〈불평등 기원론〉을 이해하는 데는 필수적이다. 이 글은 저술 당시의 특별한 정치적·문화적 맥락을 강조하고 있으며, 그것을 통해 성취하고자 했던 바를 단적으로 보여준다.

이 논문 헌정 행위는 외관상 고지식해 보이는 그의 열정이 암시하는 것보다 훨씬 더 예외적인 일이다. 첫째, 루소는 원래 프랑스의 군주가 주도했던 논문대회의 출품작으로 이 글을 썼다. 따라서 제네바 공화국에 대한 칭찬은 명백하고도 강력한 정치적 진술이었지만 제대로 인정받지 못했을지 모른다. 여기서 간과해서는 안 될 더욱 중요한 사실은 이 글을 쓰기 시작했을 때는 그가 당시의 국적법상으로 제네바 시민이 아니었다는 점이다. 1730년대에 제네바에서 추방당해 프랑스로 여행을 다니며 가톨릭으로 개종했기 때문이다. 〈불평등 기원론〉은 그가 1755년 6월에 다시 개신교로 전향하고 제네바 시민사회에 받아들여진 연후에 출간되었다. 그러므로 우리는 루소가 그의 예전 조국을 찬양하는 것에 대한, 마음속에 숨겨둔 이면의 동기들이 있었다는 사실을 어렵지 않게 추론할 수 있다.

그러나 이 같은 사실들보다는 제네바에 대한 그의 설명들이 전적으로 정확하지는 않다는 점이 중요하다. 당시 제네바 공화국의 정치적 현실은 행정관들 또는 지배자들과 시민 자격이 없던 사람들 간의 갈등 국면을 여실히 드러내고 있었다. 여성과 수많은 숙련 노동자들, 그리고 이주민들은 제네바 시민이 될 수 없었고, 이처럼 불이익을 받는 자들의 권리를 옹호하고자 여러 차례 혁명이 발생했던 것이다. 게다가 제네바의 신학자들과 루소 같은 문학가들 사이의 관계는 (루소의 말처럼) 결코 장밋빛이 아니었다.

따라서 루소가 진술하는 제네바 공화국에 현존했던 불평등의 실상이란 측면과 저자의 조국에 대한 껄끄러운 관계를 고려할 때, (루소의 말을 액면 그대로 받아들이기보다는) 〈불평등 기원론〉의 본론 부분에서 전개되는 제네바 공화국의 불평등 상황에 좀더 무게를 두는 쪽이 오히려 훨씬 진실에 부합할 뿐만이 아니라 공명정대한 태도가 될 것이

다. 어느 정도 루소가 제네바의 통치자들에게 던지는 경고
는 제네바가 나름대로 공화국을 유지할 만한 장점들을 많
이 지녔지만, (나태와 독선으로 인해) 그 상황은 험난하게
뒤바뀔 수도 있다는 사실이다.

머리말

　　루소는 자신의 특별한 논제를 향해 최고의 핵심 질문들을 교차시키면서 머리말의 첫발을 뗀다. 원래의 질문은 "인간 사이에 나타나는 불평등의 기원은 무엇인가? 그리고 그 같은 불평등은 자연법에 의해 정당성을 부여받을 수 있는가?"와 관련된 것이다.

　　루소는 또 하나의 관련 질문—인간 자체를 제대로 알지도 못하면서 어찌 우리가 불평등의 기원을 알 수 있겠는가?—을 덧붙인다. 이 질문에 답하려면 사회에 의해 기형적으로 뒤틀어져 있는 현재의 인간을 대상으로 삼아서는 안 되고, 문명 이전인 자연 상태의 인간을 고려해야만 한다. 문명과 문화의 진보로 인해 일개 종(種)으로서의 인간은 끊임없이 원래 모습으로부터 멀어지고, 새로운 지식을 축적할수록 인간의 참된 본질에 대한 우리의 무지 역시 늘어만 가게 된다.

　　루소는 〈불평등 기원론〉에서 전개하려는 이론들에 가

정적이고 추론적인 성격이 포함되어 있다고 시인한다. 인간이 현재 지니고 있는 자연적인 특성과 인위적 특성을 당시의 혼합 상태에서 구분해내는 일이 결코 쉽지 않다는 것. 우리가 이 작업을 해내려면 일종의 실험이 필요하다. 지금 이 순간에도 인간의 본질에 대한 무지는 자연권의 본질에 대해 먹구름 같은 불확실성을 드리운다. 루소는 자연권과 자연법에 대한 고대와 근대의 논의를 간략하게 설명한다.

이어 두 번째 문제—우리가 자연과 법이라는 용어의 의미를 정확히 알지 못하고서야 어찌 불평등에 정당성을 부여했을지도 모를 자연법을 규정지을 수 있겠는가?—가 제기된다. 이 문제를 숙고하는 과정에서 우리는 인간의 참된 본질 문제로 돌아가게 된다. 인간의 본질을 모르고서는 우리가 규정하는 자연법의 정의가 과연 자연과 상응하는지의 여부를 판명하기 어려울 것이기 때문이다. 하나의 법이 되려면 '인식적'(이성적)으로 합의되어야 하고, 그 법이 자연스러우려면(자연법이 되기 위해서는) 반드시 '자연의 목소리로 말'해야 한다.

그러나 이 난제에서 벗어날 수 있는 방법이 하나 있다. 그 해결책으로 루소는 '이성 이전', 즉 인간이 사회와 합리성에 의해 기형화하기 이전에 존재한 두 가지 기본 원칙—자기보존과 연민—이 있다고 주장한다. 자연권은 굳이 사회화가 요구되지 않는 이 원칙들로부터 유유히 흘러나온다.

인간의 의무 체계는 단지 이성만이 아니라 자기보존과 연민에 의해서도 하달된다. 따라서 인간은 자기보존이 위태롭지 않는 이상, 다른 감성적(고통을 느낄 수 있는) 존재에게 해를 끼치려 들지 않는다. 이처럼 타인들을 해치지 않을 의무는 지혜를 통해 뒤늦게 깨닫는 것이 아니라 동정심에 의한 것이다.

루소에 따르면, 이 같은 기준을 통해 동물도 자연법에 관계되느냐, 하는 해묵은 논쟁도 막을 내린다. 비이성적인 동물들이 자연법을 모르는 것은 당연하기 때문이다. 그러나 동물들도 감성적 존재로서는 자연권에 참여할 수 있게 된다. 다시 말해, 타고난 감성에 의해 어느 정도는 인간의 본성과 관련이 있으므로 최소한 인간에 의해 불필요하게 학대당하지 않을 권리를 갖게 된다는 것.

자연인, 자연인의 '참된 욕구들', 그리고 자연인의 의무가 지니는 기본 원칙에 대한 연구야말로 도덕적 불평등의 기원과 '정치체'(국가)의 근본 토대, 구성원 상호간의 권리 등, 주요 논점들을 밝힐 수 있는 유일한 방법이다. 그러한 연구가 선행되지 않는다면, 근대 사회의 근간들은 위태위태하고 불안정해 보이며, 태초에 의도되었던 '신의 의지'가 만들어낸 것과 (그 이후의 자연 상태에서) 인간이 직접 창출해낸 것을 구분하기가 어려워진다. 만사가 전적으로 인간들에게만 맡겨졌더라면 우리가 과연 어떤 상태에 이르렀을까를 생각해 보면, '자애로운 손길'로 우리가 최악의 혼란에 들어서지 않도록 조종하시는 신에게 더더욱 감사하는 법을 배워야 한다고 루소는 주장한다.

　　머리말은 아마도 〈불평등 기원론〉의 출간본을 위해 작성되었을 것이며, 본질적으로는 그가 다루려는 문제들을 정의하려는 시도였으리라. 그는 작품 서두에서 연구방법론과 가정적 전제들을 명확히 밝히고, 자신이 사용하는 용어들의 일부 문제점들을 지적한다. 그 첫 번째 조치는 문제의 핵심이 인간의 본질을 향하게 함으로써 이 저술에 심오함을 더해 준다는 점에서 매우 중요하다. 근대 사회와 불평등에 대한 질문들은 모두 결국 한 가지 질문—"두대체 (태초부터) '자연스러움'이란 무엇인가?"—에 근거한다.

　　자연권과 자연법 이론들에 대한 시대적 배경과 맥락은 루소가 전개하려는 내용들을 올바로 이해하는 데 필수적이다. 두 이론은 상호 연관된 매우 복잡한 논제이며, 일찍이 고대와 중세의 사상가들로부터 시작되었다. 루소가 언급하는 근대 사상가들 가운데 가장 중요한 인물을 꼽는다면 홉스와 그로티우스이다. 특히 자연권은 인간으로 태어난 덕택에 모든 인민들이 타자들에 대해 누리는 권리(소유권과 행

동의 자유 등)다. 자연권들은 사회에 의해 용인되거나 제도
화되지 않았지만, 신(루소에게는 신의 이중성, 즉 자연신과
기독교 신이 존재)이나 자연에 의해 창조된 전(前)사회적
권리들이다. 자연법 역시 모든 인민들에게 일정한 방식으로
행동하도록 강제하는 합리적인 규율이자, 일반적으로는 절
대자나 자연이 인간에게 내린 명령으로 간주된다. 따라서
루소가 답하려고 하는 최우선적 질문은 절대자나 대자연이
인간들에게 불평등을 받아들이라고 명령했는지의 여부에
관한 것이다. 자연법의 한 가지 예를 든다면, 인민들에게 기
회가 닿을 때마다 타인들과 평화를 모색하라는 강제명령이
되겠고, 자연권의 예라면, 자기보존권이다.

　　자연권과 자연법은 역할이 서로 바뀔 수는 없지만, 둘
이 결합해서 정치 사회를 형성하는 데 이용할 수 있는 권리
와 의무의 기본 틀을 제공한다고 여겨진다. 이를테면, 자연
권과 자연법의 핵심은 인민들이 화합할 수 있도록 논란의
여지가 없는 근거를 확립해서 갈등을 피하려는 것이다. 그
러나 루소가 지적했듯, 어느 누구도 과연 어떤 권리와 의무
가 가장 자연에 부합한다거나 근본적인 것인지에 대해 쉽
사리 동의하지 못한다. 두 번째 문제는 당시의 근대 사상가
들이 극소수의 이성적 생명체들(인간)만이 자연권을 누릴
수 있다고 생각한다는 사실이다. 이러한 사고방식은 동물들
에 대한 부당하고도 가혹한 처사를 나타내는 것이지만, 자

연 상태의 인간과 동물들은 사실상 같다고 일관되게 주장하는 루소에게도 하나의 문제꺼리가 될 수밖에 없다.

루소의 핵심 주장은 우리가 인간의 자연 상태나 본질을 제대로 이해하지 못하면 자연권과 자연법 사상은 더 이상 무의미하다는 것이다. 자연법이 최소한의 의미라도 가지려면 자연권과 자연법 사이에 필연적인 관계가 설정되어야 한다. 따라서 이 자연의 본질을 이해하기 위해서는 자연 상태 속에서의 인간은 합리적인 존재가 아니었을 수도 있다는 등식으로부터 이성을 도출해내야 한다. 이제 우리에게는 인간 이론의 근본 토대가 되는 개념들이나 원칙들이 필요하다. 물론, 그 개념들은 인간의 이성적인 사유 능력과는 무관한 것이다. 루소는 자기보존과 연민을 이 원칙이라고 지정하면서 뚜렷이 상충되는 개념들을 선택하고 있다. 자신의 생명을 보존하려는 시원적 욕망이 홉스와 그로티우스에 의해 논의된 자연권 이론들의 표준이지만, (루소에 따르면) 연민은 보다 새로운 개념이라는 것. 하나의 원칙이 한 인간으로 하여금 타자들을 향하도록 이끌지만(외향적 특성), 또 다른 원칙은 인간을 자기 자신 쪽으로 이끈다.(내향적 특성) 자기보존과 연민 사이에는 아무런 모순도 존재하지 않는다고 루소는 주장한다. 이것이 바로 〈불평등 기원론〉에서 발전적으로 논의될 핵심 주제다.

루소의 이론 체계에서 동물들의 자연권을 옹호한 점

역시 매우 중요하다. 그 핵심은 동물들이 인간과 마찬가지로 모든 권리를 향유한다는 것이 아니라, 감성적 존재인 다른 생명체를 해치면 보편적으로 옳지 않다는 말이다. 이것은 〈불평등 기원론〉 제1부에서 소개되는 핵심 주장으로, 자연 상태의 인간은 그저 동물에 불과하며, 동물들과 핵심적 특성들을 모두 공유한다는 것이다.

서론

　　불평등에는 자연적(또는 신체적) 불평등과 도덕적(또는 정치적) 불평등이 있다. 자연적 불평등은 나이, 체력, 정신 등의 자질 차이에서 생겨난다. 반면, 도덕적 불평등은 인간의 사회적 관습과 동의에 의해 확정된다. 루소는 우리가 자연적 불평등의 근원에 관해 물을 수 없다고 한다. 이미 그 말의 단순한 정의 속에 어떤 답이 들어 있기 때문이다. 그리고 도덕적 불평등과 자연적 불평등 사이의 본질적 관련성 여부를 캐묻는 것도 무의미하다고 주장한다. 이것은 명령을 내리는 사람이 그 명령에 복종하는 사람보다 반드시 뛰어난 인간인가, 그리고 육체나 정신의 힘, 지혜 등이 항상 권력에 비례해서 주어지는 것인가, 라는 질문을 표현만 달리한 것에 불과하기 때문이다. 따라서 이 문제는 주인의 지근(至近)거리에서 노예들끼리나 토론할 만한 것이지, (이성적이고 지혜로운) 자유 시민들이 가질 의문은 아니라는 것.(루소가 거의 단호하게 도덕적 불평등과 자연적 불평등 사이에 본질적 관련성이 없음을 주장하는 태도는 17세기 유럽(그리고 19세기 아메리카)에서 여전히 행해지던 아리스토텔레스의 자연적(선천적) 노예사상이 어불성설(語不成說)이라고 우회적으로 비꼬는 것이다. 즉 도덕적(정치적) 불평등은 자연에서 주어진 것이 아니므로 자연적으로 정당화될 수 없다는 점을 루소답게 표현하는 것.)

이 상황에서의 주요 논점은 인간관계에서 권리가 폭력을 대체한 시기와 자연이 법률에 종속된 시기를 결정하려는 일련의 시도다. 사회의 성립 토대를 탐구하는 철학자들은 나름대로 열심히 노력했으나 자연 상태를 이해하는 단계까지는 도달하지 못했다. 루소는 그들의 글 속에 나타나는 다양한 오류들을 지적한다. 오류를 범한 철학자들은 거의 천편일률적으로 현존 사회로부터 일련의 생각들을 도출해서 무리하게 자연 상태에 이식시켰다. 야만인에 대한 이야기를 하면서도 실제로는 문명인에 대해 기술하고 있었던 것. 그들 대부분은 성경에 나타나는 최초의 인간이 자연 상태에 있지 않았다는 사실을 알면서도 그것의 존재를 전혀 의심하지 않았다.

루소는 사회와 관련한 이 같은 개별적 사실들은 지금 다루고자 하는 문제와는 무관하므로 〈불평등 기원론〉의 고려 대상에서 제쳐놓자고 주장한다. 따라서 자연 상태를 향한 그의 탐구는 역사적 진실이 아니라 마치 세계의 시원을 연구하는 자연과학자들처럼 가설적이고 조건적인 추론들을 다룬다. 종교는, 인간의 불평등은 하느님이 그렇게 되기를 원했기 때문이고, 하느님이 천지창조 직후에 인간을 시원적 자연 상태로부터 끌어냈다는 것을 믿도록 강요하면서도 루소와 같은 추론들, 이를테면, 인간의 본성을 가설적으로 분석해서 만약 인간을 그냥 자연 상태에 '내팽개쳐' 두었다면 과연 어떤 모습이었을까를 알아내려는 추론을 금하지는 않는다.

루소는 모든 시대와 장소에 두루 적합한 언어로 인간의 진정한 본질을 보여주겠노라고 말한다. 개별 존재로서의 인간이 살아가다보면 (시공간이나 역사와 더불어) 흐르지 않고 멈추기를 바라는 시대가 있는 것처럼 유(類)적 존재로서의 인간은 자신과 같은 종이 그 시간 그대로 머물러 있었더라면 좋았을 과거의 일정 시기기 있다.(즉, 후세들에게 더 큰 불행과 불만을 예고하는 이런저런 이유 때문에 여러분의 현 상태가 불만스러워 어쩌면 시대를 거슬러서라도 과거의 어느 순간으로 되돌아가기를 바랄 것이다. 그리고 이러한 감정은 원시적 조상에 대한 찬양, 동시대인들에 대한 비판, 그리고 불행한 후세인들의 두려움을 불러일으킬 것이다.)

　　루소는 서론의 초두에서 사회 전체를 규정짓는 두 종류의 불평등을 명확히 구별한다. 주목해야 할 점은 '신체적' 불평등이 지적 능력은 물론, 추측컨대 이성 능력까지도 포함한다는 사실이다. 루소는 도덕적 불평등이 약속과 동의에 의해 일방이 타방보다 우월하다는 것을 인정하는 일종의 정치적 지배 형태라고 정의내림으로써, 질문의 용어들을 다시 뒤튼다. 사회적 불평등, 즉 인간들 사이에서 권력과 위계질서가 어떻게 작용하기 시작했는지를 탐문하는 것. 현존 사회의 권력체제에 대한 연구검토는 디종 아카데미가 반드시 염두에 두었던 사안은 아니다.

　　루소는 서문에서 다른 사상가들이 노력했으나 달성하지 못한 사상의 실험모형을 언급하는데 나중에 다시 등장한다. 여기서 가장 흥미로운 것은 루소가 단호하게 거부하는 내용들이다. 첫째, 신체적 불평등과 도덕적 불평등이 상호 연관될 수도 있다는 사고방식을 거의 가벼울 정도로 부인하는 태도는 철학적으로 매우 중요하다. 17세기의 유럽(그리고 실제로 19세기의 아메리카)에서 여전히 행해지던 주요 사상의 흐름은 아리스토텔레스의 '자연적(선천적) 노예사상'과 관련이 있다. 아리스토텔레스는 '태어날 때부터' 신체적·정신적으로 타인들보다도 열등한 사람들이 있다

고 주장했다. 그 같은 열등성은 열등한 자들의 노예화를 정
당화시킨다. 이를테면, 거대한 정치적·시민적 불평등들이
함부로 추단된 신체적 특성들에 의해 정당화되었던 것. 이
러한 기존 관념은 루소가 펼치는 불평등의 정의(定義)에 완
전히 배치된다. 그의 추론에 따르면, 사회의 도덕적 불평등
은 철저하게 인위적이기 때문에 어떠한 자연적(또는 물리
적) 정당성도 가질 수 없다.

루소가 이른바 '사실들'을 강력히 부인하는 점 역시 중
요하다. 그것들이 성경에 입각한 창조 과정을 의미하기 때
문이다. 인간의 본성과 속성에 대한 역사를 기술하려고 노
력했던 18세기 사상가들이 직면한 주요 문제는 바로 성경
의 권위였다. 루소가 폭넓은 대중들을 상대로 호소하고자
했다는 점을 감안하면, 성경의 창조론에 나오는 시간 설정
이나 구조에 관해 의구심을 갖는 행위는 잠재적으로 논쟁
을 유발시키는 동기가 될 수밖에 없었다. 따라서 루소는 성
경에 반하는 의문을 제기하는 것에 대해 주저하는 모습을
보인다. 설령 프랑스의 로마가톨릭 구교이든 제네바의 칼뱅
주의 신교이든 종교는 철학자들에게 불평등은 성스럽게 하
느님에 의해 규정된 명령이라고 믿게끔 '강요'하고 있었다.
그러나 이 같은 명령도 자연 상태에서 일어났을지도 '모를'
가능성들에 대한 루소의 추론을 막지는 못했다. 루소는 다
소 은밀한 이 움직임을 통해 성경의 제한적인 설명을 버리

고 인류학적 문헌들 같은 다른 자료들을 검토·분석할 수 있게 되었다. 우리는 루소가 쉽사리 (그의 이론 전개과정에서) 성경과 심지어는 절대자마저 배제시켰다고 해서 최소한 당대의 독실한 일부 독자들에게 던져주었을 충격마저 모른 척해서는 안 된다.

삶을 살아가다 보면 간혹 저마다 자신의 종(種)들이 멈추었으면 하는 시대가 있다는 루소의 말은 근대성 비판 사상의 서막을 알린다. 오늘날까지 불평등은 자연 상태라고 불리는 색다른 상황으로부터 발전한 근대 사회의 인위적 구조물이라고 설명되었는데, 이것은 철학적 중요성을 지닌 하나의 주제에 대한 최초이자 가장 명쾌한 진술, 즉 근대 사회와 불평등은 나쁘다(자연 상태에 반한다)이다.

Part 1

우리가 인간의 자연 상태를 제대로 알아내려면 인간의 기원에서부터 검토하는 것이 중요하지만, 모든 신체적 발전 단계를 통틀어 추적하는 것은 아직 불가능하다. 만약 인간에게서 오랜 세월에 걸쳐 얻은 인위적인 능력들을 모두 제거하면 여러분은 다른 동물들보다 민첩성과 근력은 떨어지더라도 가장 유리하게 조직된 동물과 대면하게 될 것이다. 야만인들은 짐승들과 더불어 살아가면서 동물적 수준의 본능까지 얻고, 여러 가지 자연 환경적 요소들에 노출되면서 점차 강건해진다. 자연인들의 유일한 (생존) 도구는 신체인데, 그 신체는 오늘날의 우리들보다 더 강하다. 만약 일 대 일로 모종의 시합이나 경쟁을 벌인다면 야만인이 소위 문명인을 수월하게 이길 수 있으리라.

홉스는 야만인이 두려움을 모를 정도로 용감해서 공격하고 싸우는 것밖에 몰랐다고 말한다. 반면, 푸펜도르프와

컴벌랜드*, 그리고 다른 사상가들은 원시인이 당연히 소심하고 겁이 많았을 것이라고 말한다. 자기가 직면한 위험에 저항할 수 있을지 없을지 모르는 상황에서는 당연히 두려웠을 것이다. 그러한 과정을 겪으며 (힘보다는 재주로) 무찌를 수 있는 동물이 어떤 동물인지를 깨닫게 되면서 두려움에서 벗어났으리라. 예를 들어, 베네수엘라의 원시시대 초기 정착민이었던 카리브족은 거의 모든 동물들을 무찌를 수 있었다. 그들에게 보다 심각한 적은 다름 아닌 유년기, 질병, 노화 등과 같은 자연적인 취약점들이다.

의학의 역할은 무엇인가? 오늘날 우리가 겪는 다수의 질환들은 근대 사회가 지니는 과도한 행위들과 정념 탓이다. 자연 상태에서는 질환의 원천이 거의 없었으므로 약이나 의사가 거의 불필요했다. 우리는 야만인과 문명인을 혼동하지 않도록 주의해야 한다. 그것은 마치 길들여진 가축과 자연 상태의 야생동물들을 구별하는 일과 매한가지다. 어떤 동물들을 소중하게 키우려는 노력이 오히려 그들을 퇴화시키는 결과를 초래하지 않았는가. 벌거벗은 채로 일정한 주거도 없이 떠돈다는 것은 야만인에게는 그다지 불리한 일

---

* **컴벌랜드**(Richard Cumberland. 1631-1718): 영국의 윤리학자, 종교가. 자연법이 최상의 도덕 법칙이고, 자연 상태는 평화롭다고 보았다. 주요 저서는 〈자연법의 철학적 음미〉 등.

이 아니지만 문명인들에게는 몹시 부당하고 불리한 상황이다. 언제나 위험에 직면해 있던 야만인들은 생각하는 일은 거의 없었고, 잠은 많이 잤지만 잠귀는 밝았다. 이렇듯 그들은 자기보존이 주된 관심사였으므로 먹이를 구하거나 먹이가 되지 않기 위해 공격과 방어가 주된 목적인 강건하고 예민한 감각들을 길렀을 것이다.

우리는 또한 인간이 지닌 형이상학적이고 도덕적인 측면도 고려해야 한다. 모든 동물은 정교하고 독창적인 하나의 기계이고, 자연은 그 기계가 스스로 작동하고 자위(自衛)할 수 있도록 감각을 부여한다. 다만 동물은 자연의 영향을 받고 본능에 따라 행동하지만, 인간은 자유롭고 독립된 행위자로서 자연의 활동에 협력하고 스스로 취사선택해서 행동한다. 따라서 인간은 동물보다 환경에 더 잘 적응한다. 이 부분을 제외한다면 인간 역시 다른 면에서는 동물들과 유사하다. 인간과 동물을 구분 짓는 핵심 요소는 능력의 완성 가능성 여부다. 인간에게 닥치는 모든 불행들의 원인은 이처럼 현저하고도 무제한한 능력이다. 그리고 그 능력이 인간을 자연 상태로부터 끌어내고, '지식'과 오류, 악덕과 미덕들이 자라나도록 만든다.

오직 본능에만 맡겨진 야만인은 처음에는 단순한 정신작용을 통해 다른 동물들처럼 매우 단순한 기능들부터 수행하기 시작할 것이다. 즉 새로운 상황이 일어나 그가 발전하기 전까지는 어떤 일을 하고자 의지를 발동하거나 발동하지 않는 일, 그리고 어떤 것을 갈구하거나 두려움을 느끼는 일이 거의 전부일 것이다. 우리는 단지 무엇인가를 갈구하거나 두려워하기 때문에 올바로 인식하고자 노력하는 것이고, 알고자 하는 열정들은 욕구에서 기인한다. 우리의 이성은 지성과 정념에 힘입어 발전하며 완성을 향해 나아간다. 모든 지식이 결여된 야만인은 아무런 욕구가 없고, 자연으로부터 비롯되는 유일한 정념은 육체적인 욕구를 초월하지 못한다. 그들에게 좋은 일이란 음식, 이성(異性), 휴식뿐이고, 유일한 악은 고통과 배고픔뿐이다. 따라서 야만인은 야만 상태를 그만두어야 할 하등의 이유가 없다. 그가 필요로 하는 것은 가까운 곳에 있으며, 당장의 생존에 몰두한 그에게는 자연의 경이로움이나 미래라는 개념도 전혀 없다.

　감각과 지식 사이의 거리가 너무나 멀어서 인간이 그것을 어떻게 건너뛰었는지는 실로 상상하기조차 힘들다. 농업과 불의 사용이 좋은 예가 된다. 불을 피우기 위해, 그리고 농사짓는 방법을 알기 위해 얼마나 많은 세월과 노동과 선견지명이 필요했을까? 사유재산이나 소유의 관념이 없었다면 농업은 어떻게 발전할 수 있었을까? 만약 야만인이 고도의 지능을 지녔다고 해도 서로 의사소통을 할 수 없었다면, 지능이 무슨 소용이 있었으랴! 만약 대화나 언어가 없었다면, 무엇이 성취되었겠는가? 언어의 중요성을 절감하고서야 비로소 그 언어가 발전하는 데 수 천 년의 세월이 걸렸음을 우리는 깨닫게 된다. 그렇다면 여기서 우리의 선결 과제는 언어가 필요해진 이유를 밝혀내는 일이다. 언어가 가족들 속에서 발전되었을 리는 없다. 가족 형태는 자연 상태 속에서는 실제로 존재하지 않았기 때문이다. 언어의 실질적 형성 과정은 여전히 미지수지만 루소는 이런 사실들을 무시하고 언어가 어떻게 확립되었는지에 초점을 맞추고 있다.

인간의 최초 언어는 절박한 상황에서 단지 본능적으로 나오는 자연의 외침이었으므로 통상적인 의사소통에서는 아무 소용이 없었다. 인간의 사고가 발달하면서 몸짓들이 점점 중요해졌고, 언어 역시 확대되었다. 최초의 단어들은 진보된 언어들에서 나타나는 어휘보다도 폭넓은 의미를 지녔다. 자연 상태에서는 일반적이고 추상적인 단어들이 존재하지 않았다. 일반적인 개념들은 수많은 어휘의 존재를 전제로 해야 성립할 수 있기 때문이다. 야만인들은 형이상학적인 개념들을 이해하지 못했다. 따라서 생각들을 표현하고 추상적인 단어들을 개발하는 데도 틀림없이 아주 오랜 시간이 걸렸을 것이다. 루소는 "언어가 먼저냐 사회가 먼저냐"에 관한 고찰 따위는 타인들에게 떠넘겼다.

자연이 인간을 통합시키거나 인간에게 사회성을 갖도록 하는 데는 분명히 그 역할이 미미했다. 자연 상태에서는 인간들이 서로를 필요로 할 만한 까닭이 전혀 없으며, 자연 상태의 삶이 불행하다는 말은 옳지 않다. 예를 들어, 자연 상태에서는 자살하려는 야만인들이 거의 없었을 뿐만 아니라, 생활은 오히려 오늘날보다 즐거웠다. 단지 본능적인 것에 불과했지만 그들은 원하는 것을 모두 가질 수 있었다. 따라서 우리는 홉스처럼 야만인이 선을 모르기 때문에 악하다는 결론에 이르러서는 안 된다. 홉스는 근대 자연권 이론이 지닌 문제점을 잘 알고 있으면서 잘못된 결과를 도출해냈다. 자연 상태에서는 우리들의 자기보존에 대한 관심과 타인들의 자기보존 사이에는 갈등이 발생하지 않고, 그 상태가 인류에게는 최상이라고 설명했어야 하지만, 사실상 최악이라고 기술했던 것. 홉스가 이러한 이론을 전개했던 까닭은 자기보존을 위한 야만인들의 일부 행위를 활용해서 당시 근대 사회의 속성인 법률 제정 등의 정념들을 해명할 필요성 때문이었다. 여기서 홉스는 야만인에게 이성을 사용하지 못하도록 만들었던 동일한 인자가 그들의 능력을 남용하지 못하도록 만든다는 점을 간과했다. 야만인들은 선이 무엇인지 모른다는 것 때문에 악하지 않다고 말할 수 있다. 이를테면, 지식의 발달이나 법의 구속이 아니라 정념이 평정심을 유지하고 악을 모르기 때문에 나쁜 짓을 못하는 것이다.

연민도 자기보존에 대한 과도한 열망을 완화시켜준다. 모든 동물들에게서 뚜렷이 나타나는 연민은 〈벌들의 우화

The Fable of the Bees〉란 작품의 저자인 맨더빌에 의해서도 인정되었다. 만약 인간들이 연민과 이성의 감정을 소유하고 있지 않다면, 그 어떤 도덕을 갖추었더라도 한갓 괴물에 불과하다고 이해한다는 점에서 그의 견해는 일리가 있다. 동정심 또는 감정이입은 야만인에게는 강하지만, 문명인에게는 미약하다. 이성은 자기애를 창출시켜 자기만 존중하도록 만든다. 철학은 인간을 고립시키고, 마치 타인을 도울 수 없을 듯이 만들어간다. 이성적 사유 과정이나 지적인 추구 행위와 달리 자연스러운 감정의 발로인 연민은 순수한 자기애를 조화롭게 중화시켜 종들의 상호 보전에 기여한다. 자연 상태에서는 연민이 근대 문명사회의 법, 도덕, 미덕 등의 역할을 대신한다. 만약 인류가 이성적 사유 행위에만 의존했더라면 더 이상 지구상에 존재할 수 없었을 것이다. 야만인들은 내내 홀로 생활을 영위했고 사유재산이나 복수심이란 개념을 몰랐기 때문에 분쟁을 초래하지 않는 성향이 있다. 성욕은 인간이 지닌 정념 중에서 가장 강렬한 것에 속한다. 따라서 그것들이 격해지면 억제를 위한 법률이 필요해진다. 그러나 만약 법률이 존재하지 않는다면, 이러한 무질서와 열정들이 계속 존재하겠는가? 사랑에는 육체적인 사랑과 도덕적인 사랑이 있다. 육체적인 사랑이 단순히 이성끼리 결합하게 만드는 성적 욕망에 그치는 것이라면, 도덕적 사랑은 정신적인 애정으로서 여성은 이것을 통

해 남성을 지배할 수 있게 된다. 성과 관련된 분쟁과 무질서는 다름 아닌 정신적 사랑으로부터 기인하며 문명사회에서만 위험성을 수반한다. 야만인들은 자연스럽게 생겨나는 성욕을 따랐을 뿐이고, 연애 감정 따위의 인위적인 취향은 거의 무가치했기 때문이다. 이런 점에서 카리브족 같은 야만인들은 정념을 더욱 부추기는 듯한 뜨거운 기후에도 불구하고 가장 평화로웠고 질투에 사로잡히는 일도 드물었다.

루소는 자신이 원시 자연 상태를 장황하게 언급한 것은 '뿌리까지 파고들어가서' 참된 자연 상태 속에서는 기존 저술가들이 주장했던 것보다 불평등의 영향력이 더 작았음을 보여주려는 것이었다고 강조한다. 오늘날, 사람들 사이에 나타나는 수많은 차이점들이 자연적인 것으로 간주되지만, 실은 사회 조직 속에서 채택한 관습과 다양한 생활 양식에서 비롯된다는 사실을 쉽사리 알 수 있다는 것. 자연적 불평등은 제도화된 불평등의 결과로 증가한다. 야만인에게는 지배의 본질이 무엇인지, 타방을 일방에게 복종시키는 것이 무엇인지를 이해시키기가 매우 어려울 것이다. 유대 관계와 종속 관계는 전적으로 인간들의 상호 의존성과 결합의 필요성에 의해 형성된다. 누군가를 복종시키려면 반드시 그가 다른 사람을 절실히 필요로 하는 입장에 처하도록 만들어야 하는 것이다. 그런데 자연 상태에서는 모두가 속박에서 자유롭고 강자도 존재할 수 없다.

불평등은 자연 상태에서는 거의 인지할 수 없다. 루소는 한 걸음 더 나아가 불평등의 발전 과정을 보여주려고 한다. 완성가능성과 사회적 미덕들은 자체적으로는 발전할 수 없었으므로 우연한 외부적 요인들이 필요했고, 이것들로 인해 인간은 사교적이 되는 한편, 사악하게 변질되었다. 이러한 설명은 모두 추론에 불과할 뿐이며, 자신이 기술하는 내용들은 여러 형태로 일어났을 가능성이 있다고 루소는 말한다.

제1부는 자연인의 모습을 용의주도하게 재구성했다고 볼 수 있다. 따라서 제2부의 불평등의 발전 고찰에 대한 근거가 된다. 자연인의 재구성 과정은 두 부분으로 나눠 인간의 신체적 특성과 정신적 특성을 다루고 있다.

신체적인 인간은 그저 또 하나의 동물에 불과하다는 루소의 주장은 매우 중요하다. 이처럼 새로운 설명은 인간이 선천적으로 동물들과 확연히 구분되는 특성들을 가졌다고 보는 고전적 해석이나 성경의 견해에 반한다. 인간과 동물을 구별하는 실익은 인간의 소유 관계와 지구의 부존자원 활용을 정당화시키고, 인간만의 현저하고도 독특한 특성들—이성적 사유 능력과 언어 능력 등—을 설명하기 위한 것이었다. 인간에 대한 루소의 정의는 두 번째 논점을 매우 명백하게 설명해 준다. 인간이 특유의 진보로 인해 다른 동물들과 유사하면서도 다르다는 것. 그는 근대인들이 오랑우탄과 유사하지는 않지만, 진보 과정을 통해 변화하기 이전에는 한때 유사했었다고 주장한다.

이 저서의 도입부에서 인용된 아리스토텔레스의 글— "자연적이라는 것은 타락한 존재들이 아니라 자연에 따라 행동하는 선한 존재들 속에서 고찰해야 한다."—이 지닌 의미는 루소가 자연인을 다루는 과정을 지켜보면 명료해진다. 자연에 따라 행동하는 인간을 관찰하는 것이 중요하다는 말은 인간 본질의 가장 기본적 부분인 신체부터 시작해야 한다는 것을 의미한다. 루소는 일단 자연인의 신체적 특성과 감각들을 확정짓고 나서야 비로소 보다 복잡한 인간의 기능들을 고려할 수 있게 된다.

루소가 언급하는 '형이상학적' 또는 '도덕적' 인간이란 소위 지적 능력이나 고차원적인 뇌기능들을 지녔다는 것이고, 이 같은 사실들의 설명을 통해 그는 동물과 인간을 정확히 구분 짓는다. 지능과 뇌기능은 모두 본질적으로 기계적 속성을 지니지만 인간은 이러한 특성을 극복하고 자유로이 활동할 능력을 소유하게 되면서 행동을 취사선택하고 변화시킬 수 있었다. 그러나 이보다 훨씬 중요한 사실은 인간이 완벽해질 자질을 갖추고 있다는 점이다. 이처럼 중요한 자연인의 자질에 대한 해석은 다양하지만, 그것을 변화 수용력, 즉 환경 적응 능력으로 간주한다면 이해하기가 훨씬 쉬울 될 것이다. 인간은 선택만 할 수는 없으며, 급변하는 환경에 따라 스스로를 변화시키고, 거의 무한대까지 발전해나갈 수 있다. 만약 이러한 자질이 없다면, 인간은 영원히 자연 상태에 머물면서 다른 동물들의 수준을 넘어서는 발전은 언감생심 꿈도 꾸지 못한다. 루소는 이것이 엄청난 긍정적 요소가 될 수 있다고 확신한다. 우리는 이제까지 인간들이 헤쳐 왔던 어마어마한 여정(旅程)을 존중해야 하는 것은 물론, 그것으로 초래된 현 상태에 대한 좌절도 경시해서는 안 된다. 따라서 완성가능성이 지식과 악의 근원이라는 루소의 말은 자기모순이라고 할 수 없다. 완성가능성이 인간의 진보를 설명해 줄 수 있는 것은 바로 이렇게 지식과 악을 생성해내기 때문이다.

완성가능성이 작용하는 구조는 드문 예외에 해당한다. 인간의 정념은 이성을 낳고, 그 이성이 낳은 욕구들은 인간이 자족하기 위해 합리적으로 생각하도록 만든다. 이성과 정념을 연결시키는 태도는 그 둘을 근본적으로 상반된 것으로만 파악해 왔던 플라톤 이래의 전통 철학과 대비된다. 대다수 철학자들은 이성이 정념을 지배하든, 아니면 그 반대가 되어야 논리적으로 타당하다고 생각하지만, 루소의 주장은 나름대로 일리가 있다. 정념(감성적 욕망이나 열정)

은 우리를 직접 행동으로 이끌거나 자신을 초월하게 만드는 강렬한 감정이다. 그리고 이성이 인간과 함께 창조되지 않았다면 외부의 어떤 힘이나 환경 조건에 의해 강요된 인위적 특성이었음이 분명하다. 루소는 이러한 힘을 욕구라고 하면서, 그것이 인간에게서 정념들을 뿜어내게 만들었고, 인간은 그것을 토대로 행동하고 진보한다고 보았다. 욕구는 정념에서 이성으로 발전한 엄청난 도약이자 정념이 이성보다 먼저 존재한다고 추정할 경우에만 작동되는 요소다.

루소는 언어와 이성을 분리시킨다. 이것 역시 언어와 이성은 모두 '로고스'*에 의해 나타난다고 주장했던 플라톤과 그리스 사상가들로부터의 결별을 의미한다. 루소는 〈언어 기원론 *The Essay on the Origin of Language*〉 등의 다른 저작에서 언어에 관해 포괄적이고 심도 있게 다루었기 때문에 여기서의 설명은 상대적으로 매우 간략하다. 분명한 것은 이성, 즉 추상적 사유는 언어가 없이는 불가능하다는 점이다. 따라서 이성과 언어는 매우 긴밀하게 연결되어 있다. 루소의 관점에서는 낭만적인 사랑, 질투, 이성 등의 추상적인 개념은 인간이 그것들을 기술할 적절한 단어를 가지고

---

* **로고스**(logos): 고대 그리스 철학이나 신학의 기본 용어. 사물의 존재를 한정하는 보편적 법칙, 행위 준칙, 이 법칙과 준칙을 인식하고 따르는 분별과 이성. 파토스(pathos, 정념, 충동 등)에 대립되는 개념으로 '말한 것'이란 뜻. 고대 철학은 대개 '로고스적'이라고 특징지을 수 있다.

있을 경우에 한해서만 존재한다. 야만인들은 언어가 제대로 발달하기 이전에는 복잡한 사고를 전개하지 못한 것이 분명하다. 바위들, 나무들, 그리고 다른 사물들은 실체가 있기 때문에 언어와 무관하게 존재하는 것이다.

언어 고찰에 이어 펼치는 사회성에 관한 주장에서 홉스 이론에 관한 반박은 매우 중요하다. 〈리바이어던 Leviathan〉*에 기술된 견해에 따르면, 자연 상태는 인간들 사이의 전쟁 상태—만인에 대한 만인의 투쟁—이다. 인간은 정념으로 인해 사물을 소유하려 들거나 타자들을 두려워하기도 하는데, 바로 여기서 유혈투쟁이 생긴다. 루소는 인간이 본래 사회적이지 못하다는 홉스의 견해에 동의하면서도 평화적이라고 믿는다. 홉스의 설명이 지닌 문제점은 본질적으로 그의 방법론에서 극명하게 나타난다. 그는 사회에 의해 기형화된 인간을 자연인이라고 명명했으나 실은 루소처럼 인간의 기원을 고찰하며 자연인을 탐구했어야 한다.

루소가 말하는 야만인의 자연적인 선량함은 오늘날 인간들이 지니고 있을지도 모를 어떤 좋은 특성들이 아니라 무지에 근거한다. 언어와 이성적 사유 능력이 결여된 야만

---

* 〈리바이어던〉: 홉스의 철학서. 1651년 "교회 및 시민 공동체의 내용·형태·권력"이란 부제를 붙여 출간. 서론과 결론을 제외하고 4부 47장으로 구성되었으며, 법·정치사상 면에서 많은 영향을 미쳤다. 리바이어던은 구약 성서 욥기에 나오는 거대한 영생(永生)동물의 이름인데, 이 저술에서는 교회 권력으로부터 해방된 국가를 가리킨다.

인들에게서는 사악한 행동이나 비도덕적인 행위는 결코 발생할 수 없다. 이러한 주장은 인간은 원래부터 사악하게 태어나고 신의 은총을 통해서만 속죄되어 구원받는다는 성경의 원죄 사상과 상충한다. 그러나 자연 상태의 인간(야만인)을 악하다고 여기는 모든 사상이 야만인과 문명인을 혼동하는 데서 비롯되었다고 믿는 루소에게는 성경의 사상이 어불성설일 수밖에 없다. 루소는 야만인에 대한 묘사에서 연민과 자기보존이라는 두 가지 불평등원칙을 추론해낸다. 이 두 가지 특질은 서로 상쇄되기 때문에 야만인들의 공존을 가능케 한다. 연민은 일방을 타방으로 이끄는 인력(引力)으로 작용하지만, 자기보존 욕망은 서로를 소원하게 만드는 척력(斥力)으로 작용하는 것. 루소에 따르면, 두 원칙은 거의 갈등을 일으키지 않는다. 그 이유는 어떤 사람이 갖는 연민의 정이 타인의 자기보존 시도를 방해하지 않기 때문이다. 맨더빌에 대한 언급은 루소가 연민을 얼마나 중요하게 느꼈는지를 여실히 보여준다. 맨더빌이 주장한 '사적인 악덕과 공적인 혜택'이란 원칙은 논란이 많았다. 이처럼 다수가 극단적인 이론가로 여기던 맨더빌마저도 연민에 대해 지지발언을 했다는 사실이 연민의 보편성을 입증해 준다. 루소는 맨더빌보다 한 단계 더 나아가 연민이야말로 자연인들이 필요로 했던 유일한 규율이었다고 주장한다. 자연 상태에서는 연민이 문명사회의 법을 대신한다. 누군가에게 연민이 생겨 공감하게 되면 해를 끼칠 수 없기 때문이다. 그러나 문명사회에서는 일부나마 자기보존과 연민이 더 이상 균형을 이루지 못하기 때문에 법률이 발전하게 된다. 자기애는 연민과의 균형이 뒤틀린 일종의 극단적인 자기보존에 해당한다.

기형적 자존심이 아닌 정상적인 자기보존과 연민만이 어느 정도의 조화를 담보할 수 있다. 합리적 이성에 근거하는 일반 법률들은 연민과 자기보존이 펼쳐내는 조화를 이루어낼 수 없고, 또한 실제로는 어떤 사악한 정념들을 부추길 수도 있다. 이것은 "닭이 먼저냐, 달걀이 먼저냐"란 설득력 없는 논쟁의 재판(再版)에 불과하다. 만약 야만인들이 법률 따위가 없이도 선량하게 살아갈 수 있다면, 오로지 법이 그들을 악하게 만드는 것일지 모른다고 루소는 주장한다. 그 주장이 사실이라면 이제서 법률이 도입되었을까? 루소는 그 의문점을 제2부에서 설명한다.

많은 저술가들은 제1부가 '고귀한 야만인'을 묘사한 것으로 해석했다. 그 해석에 따르면 야만인들은 본래 선하고 덕스러우며, 루소가 실제로 마치 독자들에게 고귀한 야만인을 모방해 원시림으로 돌아갈 것을 원하는 듯이 오도될 여지도 있다. 그러나 이 같은 주장은 루소의 견해와는 거리가 있다. 첫째, 루소는 자연 상태에서의 선량함에 관한 언급은 오류라고 명백하게 밝히고 있다. 둘째, 자연인에게는 소위

'고귀함'이 거의 나타나지 않는다. 야만인은 동물에 불과하고, 음식, 휴식, 이성 이외의 것에 대해서는 고차원적인 재능이나 관심도 지니고 있지 않다. 셋째, 〈불평등 기원론〉은 분명히 회귀 불가능한 하나의 발전 본보기를 제시하고 있다. 루소가 일부 야만인들의 생활 태도를 흠모하고 심지어는 근대인들보다 유복하다고 생각했을지는 모르지만, 결코 자연 상태로 돌아갈 수 있다거나 돌아가야 한다는 것은 염두에 두지 않았다.

제1부의 결론은 자신의 핵심 주장들을 반복 진술하고 발전시켰으나 여전히 몇 가지 석연치 않은 의문점을 남긴다. 그 가운데 답이 요구되는 주요 의문은 여기서 제시된 기본적인 자연 상태로부터 도대체 어떻게 불평등이 형성되었는가, 라는 점이다.

Part 2

무주물(無主物)인 일정 면적의 땅을 선점할 의사로 울타리로 에워싼 채 '이 땅은 내 것'이라고 공표한 후에 잘 속아 넘어가는 사람들을 찾아낸 최초의 인간이 다름 아닌 진정한 시민사회의 창립자다. 만약 인민들이 그의 독단적인 토지 소유 행위를 차단할 수 있었더라면 수많은 범죄와 불행을 미연에 방지할 수 있었으리라. 그러나 십중팔구 당시의 상황은 돌아올 수 없는 다리를 건너고 말았다. 이미 자연 상태의 마지막 단계 이전에 사적 소유권과 관련해 많은 발전이 이루어졌던 것.

초기 인간의 상황은 단순해서 첫 번째 관심은 자기보존이었다. 그들은 식량, 휴식, 이성 이외의 욕구는 거의 없었다. 인간은 자연 상태 초기에는 자연을 개발하거나 활용하는 일은 미처 생각하지 못했으나 생존이 점점 어려워지자 민첩해지고 달리고 싸워야 했을 뿐만 아니라, 대자연의 장애도 극복해야 했다. 그리고 인간이 지구 전역으로 퍼져 나가면서 곤란한 상황들도 배가되었다. 기후의 다양성은 필연적으로 생활양식의 다양성을 초래했다. 동물을 사냥할 수 있게 된 인간은 스스로를 만물의 영장으로 생각하기 시작했으며, 이것이 한 개인으로서의 자존심의 시발점이다. 야만인은 고독했으나 점차 자신과 타인들 사이에서 유사점을 간파하고, 타인들과 협력해야 할 때를 판단할 수 있는 처지가 되었다. 그러한 협동 행위에 세련된 언어가 요구되지는 않았다.

초기의 진보는 훨씬 빨라졌다. 인간은 도구를 발견했고, 오두막집 짓는 법도 터득했다. 이 같은 최초의 '혁명'으로 인해 가족 제도와 일종의 사유재산 제도가 확립되었고, 함께 살아가는 가족 단위로부터 부부애가 싹텄다. 각각의 가족은 소규모 사회의 축소판이었다. 여성들이 정주하거나 앉아서 일을 했던 반면, 남성들은 식량을 찾아 들로 산으로 강으로 돌아다녔다. 정착민들은 점차 힘이 약해져 야생 동물들에게 더 이상 저항할 수 없게 되었지만 그것들과 싸우기 위해 더욱 효율적으로 협력을 꾀했고, 이러한 새로운 환경에서 상당한 여가를 즐기게 되었다. 새로이 안락함을 누리게 되자 신체와 정신은 점점 쇠약해졌으며, 이기(利器)는 어느 덧 욕구로 변했다. 그리고 욕구들을 갖게 되자 인간은 불행해졌고, 그에 못지않게 욕구들을 이루지 못하면 불행해졌다. 다양한 자연 재해로 인해 언어의 발달이 점진적으로 촉진되었다. 홍수와 지진, 지구의 대변혁은 대륙들을 해체시켰고, 이러한 재난들에 공동 대처할 필요성이 대두되면서 의사소통과 언어의 발달이 불가피해졌다.

정착민이 많아지면서 국가가 형성되었다. 부부간의 애정은 한층 돈독해졌으며, 장점과 선택이란 개념도 커져갔다. 질투는 궁극적으로 사랑과 함께 발전했고, 불화와 알력이 승리와 영광이란 개념에 편승해 자라났다. 마을에서 행해지는 노래와 춤은 사람들 사이에 비교라는 폐단을 낳았다. 서로의 인격적 진가를 인정하기 시작하자마자 타인에 대한 공손함과 배려가 중요해졌고, 무시나 경멸은 심각한 인격 침해 행위가 되었다. 이것이 당시 야만인들의 상태였고, 이 같은 사실을 토대로 인간은 본래 잔인하므로 공존을 위해서는 성치 질서가 필요하다는 생각이 나타났다. 실제로는 자연 상태의 인간들만큼 관대하고 상냥한 자는 전무하다.

초기 사회는 자연 상태와는 다르지만 자연 상태의 나태에 가까운 무위(無爲)와 자기애에 근거한 활동성(극단적이고 이기적인 자기보존 활동)의 중간을 나타내는 가장 행복했던 시대였고, 변혁이 가장 미미했던 상태이자 인간에게는 최상의 시기였다. 그 뒤를 이은 진보는 개인의 완성을 향한 진일보이면서 생물학적인 종의 노쇠였다.

인간은 각자 '1인의 의무'(자급자족 형태로서의 의무)

에만 전심전력하는 한, 자유롭고 건강하다. 그러나 누군가가 다른 사람의 도움을 필요로 하거나 한 사람이 두 사람 몫을 원하는 순간, 평등이 사라지면서 노동이 요구되고 억압이 생겨난다. 이러한 두 번째 '혁명'은 야금술과 농업에서 비롯되었다. 토지 분할에 뒤이어 시작된 경작을 통해 사유재산이 생기면서 정의(正義)라는 최초의 규율 체계가 나타났다. 인간의 노동이란 관점을 벗어나 초기의 사유재산 형태를 상상할 수는 없다. 노동이 토지에 대한 권리를 부여하고, 그 권리가 소유권으로 전환된다. 만약 인간의 재능이나 자원의 활용이 평등했었더라면 제반 상태도 평등하게 그냥 남아 있었을 것이다. 자연 상태에서의 불평등은 불평등한 제휴 관계와 함께 인식할 수 없을 만큼 전개되어 인간들 사이의 차별성이 더욱 뚜렷해지고 모든 사건들에 영향을 주기 시작했다.

이제 인간의 능력들이 온전히 발전했다. 자기애와 이성이 활개를 쳤고, 정신은 거의 완성지경에까지 이르렀다. 과거에는 똑같았던 실체와 외관이 서로 확연히 구분되는 별개의 것이 되어버렸다. 내면과 외면의 분리로부터 교활함과 모든 악행들이 생겨났다. 인간은 드디어 내면 존재와 외면의 분리를 기점으로 수많은 새로운 욕구들, 특히 타인에 대한 자신의 욕구에 의해 지배를 받았다. 사실상 한 인간이 타인들의 주인이 되려고 노력할 때, 그는 이미 그들의 노예가 된 것이다. 지배는 가진 자들의 유일한 낙이 되었다. 힘 있는 자가 타인의 물건에 대해 소유권에 상응하는 일종의 권리를 주장할 경우, 평등의 와해는 전쟁으로 이어졌다. 이러한 변화에 상응해 부자들은 역사상 유래 없는 최고도의 술책을 개발해냈다. 바로 약자들을 설득해서 자신들과 단결하도록 만들어 정의와 평화의 규율을 정립할 수 있는 최고의 권력기관을 창설하는 일이었다. 미숙하고 귀가 얇은 약자들을 설득하는 일은 거의 식은 죽 먹기나 다름없었다. 그들 모두는 자신들을 구속할 사슬들이 자유를 보장해 줄 것이란 믿음을 품고 그것을 향해 치달았다. 그 중에서 음모의 본질을 간파했던 자들은 안전을 위해 자유의 일부를 거래할 수 있을 것이라고 생각했다.

이것이 바로 사회의 기원이다. 사회의 성립은 자연적 자유를 되돌릴 수 없을 정도로 손상시켰으며, 불평등과 재산에 관한 법률을 고착화시켰고, 인민에 대한 착취를 권리로 둔갑시켰다. 모든 사람들은 소수의 지배계층을 위해 노예 상태와 노동에 종속되었다. 기하급수적으로 늘어난 사회들은 이내 지구를 덮어버렸고, 자연법은 단지 국가들 사이의 관계에서만 일부가 남게 되었다. 국가 간에 대규모 전쟁이 벌어졌다. 루소는 사회의 설립을 위한 다른 설명들, 예를 들면, 정복지에 대한 권리 등은 다루지 않고 그냥 넘어갔다.

정치적 국가는 우연의 산물이므로 여전히 불완전성을

지니고 있었다. 인민들은 그것을 안정시키려고 애쓰기보다는 차라리 새롭게 시작하는 편이 더 좋았으리라. 인민들이 자유를 보장받기 위해 지배자들에게 전권을 위임했다는 것은 분명하다. 여기서 인민들이 자유의 본질을 망각했을지 모르기 때문에 노예 상태로 치닫는 성향을 갖는다고 주장해서는 안 된다. 그 주장을 입증하려면 굳이 노예 사회를 살펴볼 필요도 없이 그저 현재의 자유사회들을 관찰하면 된다. 시민사회가 가부장의 권위에서 비롯되었다는 생각은 오류이고, 오히려 가부장의 권위가 시민사회로부터 파생했다. 인민의 자발적 의사에 의한 독재정의 수립도 불가능하다. 계약을 체결할 때, 일방 당사자가 타방에게 자유를 포함해서 모든 것을 양도하면서 아무런 반대급부도 받지 못하는 계약은 상식적으로 성립할 수 없는 것과 같은 이치다. 따라서 인민이 자유를 양도할 수 있다는 푸펜도르프의 주장은 논리적 오류에 해당한다. 정부가 처음부터 독단적인 권력을 행사하지 않은 것은 분명하다. 독단적 권력이란 정부의 부패를 상징하며, 불법의 최후 단계이기 때문이다. 정치 기구의 설립은 인민과 인민이 선택한 대표자들 사이에 체결되는 계약이다. 인민은 자신들의 의지를 통합해 하나로 만들고, 그 총체적인 의지가 법률을 제정시키며, 그 법률이 지도자들의 권력과 선택을 규제한다. 만일 그 법률들이 해체된다면 행정관은 권력을 잃게 되고, 인민들 역시 그들에게 복종해야 할 하등의 의무가 없다. 따라서 국가는 해체되고, 인민들은 자연 상태로 복귀할 것이다. 이 같은 논리가 가능한 까닭은 그 계약을 이행시킬 보다 고차원적인 권력이 존재하지 않을 경우, 인민들은 자신의 사례를 해결하는 유일한 판관이 되기 때문이다. 그러나 이러한 연루 행위가 야기시키는 위험들로 인해 절대자(신)가 보증인으로 나서서 주권에 신성불가침의 권력을 부여한다. 종교는 이렇게 무수한 유혈 사태를 사전에 예방해 왔으므로 칭찬받아 마땅하다.

다양한 정부 형태는 개인들 간의 차이에서 생겨났다. 만일 특출한 인간이 한 사람이라면 군주제, 여럿이라면 귀족제, 그리고 그 국가가 자연 상태에 근접하다면 민주제를 형성했다. 어느 쪽이 최상의 정부 형태인지는 시간이 결정해 준다. 처음에는 모든 행정관들을 선거로 뽑았고, 이어 그 선출 과정이 투쟁과 내란을 초래하면서 세습정권이 자리를 잡았다. 이 같은 과정에서 통치자들은 인민을 사유재산으로 보게 되었다. 불평등의 이행 과정을 보면, 1단계에서는 법률과 재산의 확립, 2단계에서는 군주제의 확립, 3단계에서는 합법적 권력이 독단적 권력으로 변환된다. 1단계는 빈부의 상태를 정당화하고, 2단계는 권력자와 약자의 상태를 정당화하며, 3단계는 주인과 노예의 관계를 정당화한다. 이처럼 제도를 필요로 하는 똑같은 악행들은 남용이 불가피하다. 법률은 변화를 거부하면서 인민들만 구속하려 든다. 법을 어기는 자가 없는 나라는 법률이 필요 없을 것이다.

정치적 특성들은 시민적 특성들을 형성하고, 심리적 변화들을 낳는다. 지도자들이라고 해서 진정으로 자유를 갈망하는 사람들까지 구속하지는 못한다. 만약 누군가가 진정 자유만을 갈망한다면, 어떠한 통치자도 그를 굴복시킬 수 없다. 심지어는 정부의 개입 없이도 권위의 불평등은 인간들 사이에서 필연적으로 생겨난다. 따라서 한 사회에서 부(富)가 차지하는 중요성의 크기는 그 사회의 타락 정도를 가늠하는 척도다. 부와 권력에 대한 보편적 욕망은 재앙을 초래하고, 사회의 이면에서는 분열이 싹트며, 이 무질서로부터 모든 것을 삼켜버리고 법률과 인민들을 짓밟는 독재가 생겨난다. 불평등의 최후 단계인 독재는 우리를 다시 새로운 자연 상태로 회귀시킨다. 여기에서는 개인들이 모두 지배·피지배 관계에서 벗어나 아무 관계도 아니기 때문에 서로 평등하다. 이렇게 도래한 새로운 자연 상태는 원래의 자연 상태와는 매우 다르다.

비록 여기에는 많은 내용이 빠져 있지만 자연 상태와 사회 상태 사이에는 현격한 차이가 존재한다. 야만인과 문명인은 너무 다르기 때문에 일방을 불행하게 만드는 것이 타방에게는 행복을 가져다준다. 이제 우리는 미덕 없는 영광, 지혜 없는 이성, 행복 없는 쾌락을 갖게 되는데, 이것은 분명히 자연 상태의 인간이 아니다. 불평등은 이성의 발전 때문에 심화되고, 재산과 법률 제도의 확립을 통해 합법화된다. 따라서 근대의 도덕적 불평등은 신체적 불평등과 정비례하지 않으면 자연권에 반하는 것이다.

제2부는 불평등과 국가에 대한 세부적인 연구다. 루소는 먼저 인간의 자연적 본성과 자연권의 본질을 규정한 후에야 비로소 두 요소가 불평등에 끼치는 관계를 탐구하고, 인류가 어떻게 제도화된 불평등에 이르렀는지를 설명한다. 분명한 것은 인간 사회의 진화에서 불평등의 제도화가 불가피하지만 필연적인 발전 과정은 아니란 사실이다. 인간의 발전에서 완성가능성이 확실히 중요해도 그것만으로는 불평등의 발생 과정을 온전히 설명할 수 없으며, 다른 요소들도 개입할 여지는 충분하다.

루소가 설명하는 불평등의 발생 과정은 전적으로 우연한 사건들에 근거하고 있지만, 그럼에도 불구하고 몇 가지 명백한 '혁명' 단계를 거친다. 여기서의 '혁명'은 엄청난 격동이나 격렬한 변화를 가리킨다. 원래 자연 상태는 상대적으로 정적인 상황이었지만, 루소가 '난관'이라고 묘사했던 다양한 환경적 요소들로 인해 변화가 초래되었다. 이 변화에는 전 세계에 걸친 인류의 확산과 다양한 사회·경제적 구조의 발전이 포함된다. 자연 환경에 어렵사리 대처해 온 인간의 모습이 그 이후에 전개된 수많은 발전들을 설명해 준다. 최초의 혁명은 도구를 사용하고 피난처를 짓기 시작하는 인간들과 연관이 있다. 기술 발전은 인간 심리와 행동의 변화로 이어졌다. 부부간의 애정, 협동, 그리고 특히 여성을 남성에게 종속시킨 성 역할의 창출 등은 불평등의 시작을 알리는 신호였다.

여가는 루소가 언급하는 불평등 발생 과정의 추진력이다. 인간이 다른 동물들과 아주 흡사했을 때는 단지 음식을 찾고 잠을 청할 정도의 시간만 가졌다. 여기까지는 전혀 문제가 없다. 그러나 협동이 늘어나고 시간이 남게 되면서 갑자기 여가를 누리게 되었다. 이러한 시간의 틈새를 때우기 위해 생산 활동과 무관한 춤이나 축제 같은 활동들이 요구되었고, 점차 습관적 행위들로 굳어져가더니 마침내 욕구로 자리 잡았다. 원래는 신선한 즐거움에 불과하던 행사가 필수적인 문화로 둔갑하면서 인간 몰락의 시발점이 되고 만다. 타인들과의 관계도 연민 이외의 요소들에 의해 행동 동기가 부여되고, 타인에게 의존하는 상황이 펼쳐지고 스스로를 타인들과 비교하면서 타인들의 견해가 처음으로 중요한 의미를 지니게 된다. 그 결과, 불행히도 사람들은 타인들의 견해를 구하고자 갈망하고, 그들과 벗이 되기를 청한다. 이와 같은 비교 유형으로 루소가 마을의 춤을 예시하는 것은 매우 이례적이다. 왜냐하면, 춤판이란 통상 사회성이나 공동체 정신과 더 깊은 연관을 맺고 있기 때문이다. 이것은 단지 루소의 논점을 밝혀줄 뿐이다. 심지어 오늘날 우리가 즐거움을 찾게 되는 사회의 측면들(춤 따위)조차 다른 사람들을 염두에 두게 되면 나쁘다. 야만인들은 타인들을 완전히 무시하거나 순수한 연민의 정만 느꼈기 때문이다.

그러나 루소는 아주 진지하게 이런 상태—타인을 염두에 두는 행위—가 인류 역사에서 최상이었다고 주장한다. 비록 타인을 염두에 두는 행위가 지닌 수많은 특성들을 비판하면서도 원시인들의 자기보존과 연민이 근대인의 주요 특성인 자기애와 균형을 이루게 되는 시점을 나타낸다고 말하는 것. 이 주장은 루소가 자연 상태를 우상화했다거나 근대인들이 야만인의 삶을 살았더라면 더 행복했을 것이라고 생각했다는 일부의 견해를 뒤집는 증거다. 이성적이고 공동체적인 생활의 일부 특성들은 훌륭하지만, 여전히 잠재적으로 파괴적이기도 하다. 루소는 당시의 일반적 추세와는 달리, 공손함과 타인에 대한 배려를 사회의 부정적 요소라고 비판한다. 예절과 공손함은 일반적으로 인간의 야만적 특성을 억제하는 것으로 여겨지지만, 루소는 자연 상태의 인간은 억제할 것이 없으며 오로지 공손함이 인간들을 서로 비교하도록 만들었다고 생각하는 것.

자연적 재난들은 루소가 묘사하는 인류 사회의 발전

과 불평등의 형성 과정에서 중요한 위치를 차지한다. 인간은 지진과 해일에 떠밀려 전 세계로 퍼져나가고, 언어를 사용하게 되고, 도처에 정착하기 시작했다. 이처럼 우발적인 사건들의 중요성을 망각하면 안 된다. 만약 적절한 시기에 지진이 발생하지 않았더라면, 인간은 결코 진보하지 못했다. 이러한 루소의 설명 근저에는 대자연이 자연 재해를 통해 인류의 발전을 형성한다는 사고방식이 깔려 있다. 신의 의지―일부 학자들은 루소가 대자연을 통제하는 하나의 신과 신의 의지를 동일시한다고 주장―는 인간을 초기의 미발달 자연 상태로부터 끄집어내는 그 같은 방법들을 통해 현현(顯現)된다. 1756년, 루소가 볼테르와 교환한 서신의 내용은 그 즈음 리스본을 뒤흔들었던 거대 지진에 관한 것이었다.

제2의 혁명은 주로 노동 분화에 초점을 맞추고 있다. 복잡하고 어려운 임무를 여러 노동자들에게 할당하는 노동 분화는 결과적으로 인간 상호간의 의존도를 증대시켰다. 일단 노동이 독립적인 활동에서 벗어나게 되자, 사람들은 결속되어갔다. 두 가지 핵심 활동은 엄청난 실리를 가져다준 야금술과 농업이다. 조직화된 농업 활동은 수렵이나 채집보다 더 많은 식량 생산을 가능케 했으며, 농기구와 무기의 제작은 광범위한 경작과 전투를 용이하게 만들었다.

2단계에서 가장 중요한 발전은 농업에서 비롯된 재

산의 발전이다. 루소는 존 로크*의 재산에 대한 정의―어떤 사람이 노동력을 투입한 것은 그의 재산이 된다.―를 사용한다. 따라서 들판에서 일하는 사람은 자기 노동력을 투입했으므로 해당 토지에 대한 권리를 취득하는 것으로 생각하기 시작한다. 재산 제도는 도덕적 불평등의 시발점이다. 인간이 사물을 '소유'할 수 있다면 신체적 차이와 무관한 소유권의 차이가 생겨나기 때문이다. 그러나 원래 루소는 재산 자체가 불평등하다고 생각하지는 않았다. 만약 모든 사람이 똑같이 일하고 똑같이 보상받는다면, 만인이 평등할 것이다. 이 주장은 재산 배분 방식이 불평등의 진전에 핵심 요소란 뜻이다. 그러나 만약 재산 제도가 없다면, 불평등과 빈부 역시 존재하지 않을 것이다.

자연 상태를 어느 정도 벗어난 초기 사회는 기본적으로 불안정했으나 인간의 지기에, 그리고 타인들과 재물에 대한 욕구로 인해 사회성원 일부가 또 다른 성원들을 지배하게 되었다. 타인을 지배하는 행위는 그 자체가 주인과 노예를 묶으려는 욕구다. 타인들이 없으면 주인이 될 수 없기 때문이다. 이처럼 주인과 노예는 이상한 역설 속에서 결속

---

* **존 로크**(John Locke, 1632-1704): 영국의 초기 계몽철학자로 경험철학의 원조. 평등하게 태어난 자연 상태의 인간은 모두 생명, 자유, 재산에 대한 천부적 권리를 보장받아야 하며, 자연 상태가 안고 있는 분쟁의 소지를 극복하고 이들 권리를 향유하기 위해 스스로 동의한 계약을 통해 자연 상태에서 시민사회로 전환된다고 주장했다. 주요 저서는 〈인간오성론〉, 〈통치론〉 등.

되어 있다. 루소는 이 지배 관계가 부자가 가난한 자를 억압하는 계급적 조건 관계 속에서 표현된다고 명시한다. 부자가 가난한 자를 재산처럼 취급하려 들 때 유발된 갈등은 점점 악화되다가 마침내 전면전으로 치닫는다. 그 전쟁 상태는 홉스와 다른 이론가들이 묘사했던 자연 상태와 유사하지만, 계급투쟁과 자연 상태에서 벗어나 재산과 불평등으로 옮겨간 결과다. 따라서 자연 상태를 전쟁 상태와 유사하다고 여기는 홉스 같은 사상가들은 원시 자연 상태에서 재산 제도와 불평등으로의 이행과정을 간과하고 있는 것이다.

부자들은 이처럼 끔찍한 갈등의 해소 방편으로 정치 사회를 형성하기 위해 일종의 계약을 제안했다. 이 계약은 부자가 가난한 자들을 상대로 꾸민 기괴한 술책이다. 부자들에게 설득당한 가난한 자들은 정치 사회의 창설에 동의하면 그 구조 속에서 안전과 자유를 누릴 수 있을 것이라고 믿었다. 인민들이 달려간 '속박의 사슬들'은 〈사회계약론〉의 그 유명한 서두에서 잘 드러나고 있다. "모든 인간은 자유롭게 태어났지만 여전히 속박의 사슬에 얽매여 살아간다." 애초의 국가 목표는 구성원들의 자유 보전이지만, 실제로는 가난한 자들을 희생양으로 삼아 재산 제도와 불평등 구조를 합법화시키는 장치에 불과하다는 것. 루소는 〈불평등 기원론〉과 〈사회계약론〉에서 사회가 국민들에게 얼마만큼의 자유를 제공하는가에 따라 그 사회를 측정한다. 그러나 대부분의 사회, 특히 여기서 설명된 사회들은 이 기준에 미달된다.

〈불평등 기원론〉의 나머지 부분은 정부의 발전 과정과 운영 원리를 다루고 있다. 처음부터 정부는 불안정할 뿐만 아니라 계급분열에 영향을 받는다. 따라서 인류 사회의 역사는 무수한 방법들을 통해 법률 제도를 근간으로 불평등을 고착화시키려는 일련의 시도 과정이다. 소위 저항권에 대한 루소의 설명은 이러한 맥락 속에서 상당한 의의를 갖는다. 인민들이 사회계약을 통해 지도자나 행정관에게 권한을 부여한 결과, 그들의 행동을 규제하는 법률이 제정되는 것이기 때문에 이론상으로는 그들이 만약 법률들을 위반하면 권력은 다시 인민들에게 복귀하고 인민들은 자연 상태로 회귀한다. 이것은 〈통치론 *Two Treatises of Government*〉을 저술한 로크를 포함해서 많은 이론가들이 서술했던 왕들의 절대 권력에 대한 반론이다. 루소는 종교도 통치자들에게 권위를 부여하는 강력한 힘이라고 명시한다. 왕권신수설에 따르면, 왕의 권한은 신이 부여한 것이다. 게다가 신의 의지가 통치 계급에게 인민들의 계약 철회를 차단할 수 있는 성스러운 권한을 부여하기 때문에 인민들은 계약으로부터 이탈할 수 없다. 국가를 지지하는 종교 사상은 〈사회계약론〉에서 전개되는 '시민의 종교' 토론에서도 발견되지만, 여기서는 그 의미가 다소 불분명하다. 루

소는 종교가 자신이 그토록 혐오했던 근대 불평등을 지지
했음에도 불구하고 갈등을 막아준다는 이유로 찬사를 보낸
것이다.

　　루소의 정부 유형—민주정, 군주정, 독재정—에 대한
구분 논의는 아리스토텔레스의 〈정치학 *Politics*〉까지 거슬
러 올라간다. 아리스토텔레스나 플라톤처럼 루소는 1인의
부당한 통치인 독재정을 최악의 통치 형태로 여기지만, 그
것을 정부가 변천하는 과정의 일환으로 본다는 점에서는
다르다. 하나의 국가와 함께 시작되는 정부 체제는 자연 상
태에 얼마나 가까운가에 따라 결정된다는 말이 지닌 함축
적인 의미는 민주주의가 자연적인 자유에 가장 근접하기
때문에 최고이자 가장 평등한 제도란 것이다. 한 사람이 전
권을 소유하는 독재 정치는 최악의 불평등 제도지만, 초창
기 정부가 시작되는 한 과정의 정점일 뿐이다. 루소가 보기
에 독단적인 정부는 당시 근대 국가가 향하고 있는 상황이
다. 따라서 근대 정치 제도들에 대한 급진적 비판은 독단적
인 정부를 분석하는 과정 속에 잘 드러나 있다. 루소는 한
사회가 지니게 되는 위험 요소들을 자세히 피력하지만, 아
직은 부의 축적에 의해 갈등이 조장되지 않은 단계다. 당시
의 법률 체계와 제도들에 대한 루소의 전반적인 적대감은
이 장에서 분명히 드러난다. 법률과 제도들은 실제로 행동
을 규율하지 못하기 때문에 무용지물이라거나, 아니면 인

간을 자연 상태로부터 더 멀리 이탈시키고 막아야 할 악행들을 부추기기 때문에 매우 해롭다고 생각하는 것이다.

　제도화된 도덕적 불평등과 맥락을 같이하는 일련의 변화들 역시 인간의 정신 속에서 생겨난다. 법률과 제도는 힘을 합쳐 루소가 설명하는 불평등 상황들을 만들어낸다. 이성, 지식, 자기애의 발흥으로 인간은 타인의 지배를 수용한다. 만약 삶을 지배하는 욕구 체계나 타인에 대한 지배의 필요성이 존재하지 않는다면, 근대인들은 부자들의 술책 따위에 넘어가지 않을 것이다. 야만인들은 타인들이 자신들을 어떻게 생각하든 전혀 무관심했고 기본적인 욕구들만 지녔기 때문에 외부의 다른 요소들로 강제할 수 없었다. 다만 인류가 충분히 발전해서 무언가를 필요로 하고 갈망하게 되면서 근대 불평등 제도는 출현할 수 있었다. 따라서 정신적·심리적인 발달과 정치 제도의 구축은 동시 발생적이며 불가분의 관계를 갖는다. 루소가 야만인과 문명인 사이에서 그려내는 극적이면서도 열정적인 대조는 이 점을 잘 설명해 준다.

　이전의 두 단원에서 주장을 마친 루소의 결론은 그다지 놀랍지 않다. 불평등의 기원은 이성과 지식의 발흥이고, 신체적 불평등과 무관한 불평등은 자연법에 반한다는 것. 루소의 주장들—인간, 인간의 발전, 근대 사회에 대한 비판들—에 대한 모든 연결고리는 바로 위에서 언급한 두 가지

요점에서 도출되지만, 한 가지 의문은 여전히 남는다. 〈불평등 기원론〉을 읽고 난 후, 과연 우리가 어떻게 불평등이 참된 인간 본성과 조금이라도 관련을 맺고 있는 하나의 근대 사회를 상상할 수 있겠는가? (루소의 말대로라면 그 같은 상상은 불가능하다. 루소에게 근대 사회는 불평등은 만연해 있으되 참된 인간성이 사라진 사회이기 때문이다.)

Important Quotations Explained

다음은 주요 인용구 해설입니다.

1. 내가 알기로는 개별적인 인간은 저마다 거기서 멈추었으면 하는 시기가 있다. 그러므로 그대 역시 그대의 종이 멈추었기를 바라는 시대가 있을 것이다. 그대의 불행한 자손들에게 더더욱 커다란 불만을 예고한다는 이유들 때문에 현재 상태가 불만스러운 나머지 그대는 어쩌면 과거로 다시 돌아가기를 바랄지 모른다. 그리고 이러한 감정은 그대의 최초 조상들에 대한 찬양, 동시대인들에 대한 비판, 그리고 불행한 후손들에게는 두려움을 불러일으킬 것이다.

— 이 부분은 여러 면에서 〈불평등 기원론〉의 도덕이다. 근대성에 대한 루소의 비판은 인간의 발전은 인간의 진보와 인류의 도덕적·심리적 쇠퇴를 모두 나타낸다는 사실에 바탕을 두고 있다. 자기애의 작용으로 인해 타인들과 경쟁하고 끊임없이 자기 처지를 걱정하는 독자들은 루소가 작품을 통해 정말로 끔찍한 그들의 상황을 드러내려고 하기 때문에 '불만스러울' 것이다. 불행히도 역사는 되감을 수 있는 비디오테이프가 아니다. 후손들이 '두려움'을 갖는 것은 좀더 나은 시대로의 회귀 가능성은 없이 사태가 악화될 것 같다는 사실을 부분적으로 알기 때문이다. 어떤 사람들은 루소가 자연 상태로의 회귀를 주창한다고 주장했지만, 얼토당토하지 않은 말이다. 이 인용문에서 나타나듯 루소는 발전의 이전 상태로 돌아가고 싶어하지만 불가능한 바람이다. 이 저술의 목

표는 독자들에게 근대성이 지닌 몇 가지 문제점에 대해 경종을 울리고, 불평등의 작용을 알리는 것이지만 숲 속으로 돌려보내 원숭이들과 함께 살도록 하려는 것은 아니다.

2. 그렇게 구성된 이 존재에게서 그가 받았을지 모를 초자연적인 재능과 오랜 세월에 걸친 진보를 통해 얻을 수 있었던 모든 인위적인 능력을 제거한다면, 한 마디로 인간을 자연의 손에서 갓 나온 사람으로 간주한다면, 나는 어떤 동물보다는 강하거나 민첩하지는 못해도 모든 것을 감안하면 그 어떤 동물보다 유리하게 조직된 동물을 보게 된다.

— 이 부분은 루소의 방법론과 이 저술에서 내보일 가장 놀라운 가설들을 설명하고 있다. '초자연적인 재능'과 '인위적인 능력'은 루소가 오랜 세월의 발전을 통해 나타났다고 생각하는 언어, 사회성, 이성(理性)이다. 애초에 창조된 인간은 동물이나 다를 바 없었다. 이러한 견해는 진화론에 익숙한 현대 독자들에게는 특별히 충격적일 것도 없을지 모르겠지만, 18세기에는 매우 급진적인 것으로 간주되었다. 오랫동안 저술가들은 전통적으로 인간은 신에 의해 특별히 창조되었고, 모든 동물을 지배하며, 이성에 의해 동물과 구별된다고 생각했다. 이들은 여러 면에서 이성을 인간을 규정짓는 특성으로 보았지만 루소는 그렇지 않았다. 애초에 인간을 인간답게 만드는 것은 '조직', 즉 신체 구조라는 것. 인간의 완성가능성이란 여타 동물들보다 나은 내재된 이점은 가졌으되 반드시 이성적인 존재로 발전해야 한다거나 발전해야 할 이유는 없다는 의미다. 여러 면에서 다윈 이전에 루소는 진화론의 가설을 언급하고 있다.

3. 어떤 땅뙈기에 울타리를 치고 "이 땅은 내 것이다"라고 말할 생각

을 갖고, 사람들이 그 말을 믿을 만큼 아주 단순하다는 사실을 발견한 최초의 인물이 시민사회의 진정한 창시자였다. 말뚝을 뽑고 토지 경계로 파놓은 도랑을 메우면서 인간들에게 "사기꾼들의 말에 넘어가지 않도록 조심해라. 과일은 모두의 것이고 그 땅은 누구의 것도 아니란 사실을 잊는다면 당신들은 파멸할 것이다"라고 외쳤던 그 사람 덕분에 인류는 얼마나 많은 범죄, 전쟁, 살인, 그리고 얼마나 많은 비참함과 공포에서 구제되었는가?

— 제도화된 불평등의 발전은 강자들이 약자들에게 획책한 일련의 술책이고, 또한 시민사회의 궁극적인 바탕이다. 이 부분은 사유재산의 생성이 지닌 독특한 본질을 강조하고 있다. 그것은 사유재산을 증명해 줄 순진한 사람들이 반드시 해야 하는 이상한 행동 이후에나 가능한 일이다. 루소는 사유재산과 불평등이 직접 연결되어 있다는 점을 분명히 한다. 일단 사유재산이 생성되면 그것을 고착화시키기 위한 제도적 구조가 등장하고, 이어 인류는 '파멸한다'는 것이다. 전쟁과 분쟁은 사유재산으로 인해 발생한다. 로크의 말처럼 '사유재산이 없으면 권리의 침해가 있을 수 없기' 때문이다. 그러나 인간의 발전을 되돌릴 수 없듯, 지구가 '무주(無主)'였던 상태로 회귀할 실질적 방안을 루소는 모르고 있다. 사유재산의 철폐만이 이 같은 상황을 해결할 수 있다고 앞을 내다본 사람은 마르크스였다.

4.　사람들은 습관적으로 오두막이나 커다란 나무 주위로 모였고, 사랑과 여가의 진정한 소산인 노래와 춤은 그곳에 모인 한가한 남녀들의 여흥이라기보다는 일과가 되었다. 사람들은 남을 쳐다보고 자기도 남들이 쳐다보았으면 좋겠다는 생각을 하면서 타인들의 평가가 하나의 가치를 얻게 되었다. 노래나 춤에 가장 뛰어난 사람, 가장 잘 생긴 사람, 가장 강한 사람, 가장 재주가 좋은 사람, 또는 언변이 가장 특출한 사람이 최고의 존경을 받았으며, 이것이 불평등

과 악의 첫걸음이 되었다. 이 같은 최초의 선호에서 한편으로는 허영과 경멸이, 다른 한편으로는 수치심과 부러움이 생겨났다. 그리고 이러한 새로운 효모가 발효해서 마침내 행복과 때 묻지 않은 순진함에 치명적인 화합물이 생성되었다.

— 균형이 자기애 쪽으로 기우는 순간을 나타내는 부분이다. 여기서는 그저 한가로워서 행복한 야만인에게 해를 끼치지 않던 여가가 비교를 조장하는 활동에 이용되면서 위험해지고 있다. 먼저, 저마다 즐거운 활동인 춤을 함께 출 사람이 필요하지만, 곧이어 그들의 춤을 보아주고 감탄하고 자신들과 비교할 사람들이 필요해진다. 일단 이 같은 상황이 되면, 풀려나온 사악한 정념은 되돌릴 수 없다. 루소가 대개 공동체 의식을 강화하는 긍정적 모임으로 간주되는 마을 춤판에서 악의 기원을 발견한다는 점은 매우 인상적이다. 성관계가 춤으로 이어질지 몰라 성관계를 마다했던 청교도에게 루소가 공감하는 듯한 느낌이 들기도 한다.

5. 관찰들은 반성을 통해 이 주제에 대해 우리가 배운 것을 확인시켜 준다. 야만인과 문명인의 깊은 속마음과 성향은 너무 달라서 한쪽에는 최고 행복을 구성하는 것이 다른 쪽을 절망에 빠뜨릴 수도 있다. 야만인은 휴식과 자유를 취하며 한가롭게 살기만 바랄 뿐이다. 스토아학파의 아타락시아(ataraxia)도 야만인이 지닌 다른 모든 것에 대한 무관심에는 미치지 못한다. 그에 반해 언제나 활동적인 문명인은 땀을 흘리며 허둥대고 끊임없이 더욱더 힘든 일을 찾는다. 그는 죽도록 일하고, 심지어는 살아 있는 상태가 되기 위해 죽음으로 내달리거나 불멸을 얻기 위해 삶을 포기한다. 그리고 자신이 증오하는 세력가와 자신이 경멸하는 부자들에게 아부하고, 그들을 섬기는 영예를 얻기 위해서라면 아무것도 아끼지 않으며, 자신의 비굴함과 그들의 보호를 뽐내며 허세를 부리고, 노예 상태에 자부심을 느끼면서 그 상태를 함께하지 않는 사람들에 대해 경멸적으로

이야기한다.

— 결론에 대한 중요한 언급이다. 루소는 야만인과 문명인의 진정한 본성을 가장 잘 반영하는 '깊은 속마음'과 그들의 외적인 행동 사이에서 대비점을 이끌어내고 있다. 야만인은 내적·외적으로 자유와 여가에 관심이 있다. 아타락시아는 세속적인 잡념에 사로잡히지 않고 동요 없는 고요한 마음 상태를 가리킨다. 야만인의 내적·외적 삶은 하나이기 때문에 그러한 입장을 취할 필요가 없다는 것이 루소의 입장이다. 반면, 문명인은 외적으로 살며 세상과 맞물려 있고, 자기애로 인해 이득을 얻으려고 타인('세력가'와 자기 밑에 있는 사람들)과 상호 작용한다. 그러나 문명인의 활동과 절박함은 몰락을 재촉할 뿐이므로 자멸적이다. 이 비교는 야만인과 문명인의 차이를 보여주는 강렬한 전형이지만, 극단적이다. 루소는 다른 곳에서 야만인은 게으르기도 하고 사냥도 하며, 후기 발전 단계에서는 작은 사회도 형성한다고 설명하고, 근대인도 약간의 여가를 갖는 것으로 추정한다. 그러한 견해는 변함이 없고, 인간의 본성은 근대인의 외향적인 행동에서 나타나듯 아주 나쁘게 변했다.

원 제목: 인간 불평등의 기원과 근거에 대한 논문 Discourse on the Origin and the Foundations of Inequality among Men

저자: 장 자크 루소 Jean-Jacques Rousseau

집필 시기와 장소: 1753년 11월-54년 6월, 프랑스

초판 발행일: 1755년 5월

집필 목적: 디종 아카데미의 현상 공모에 제출하기 위해 집필했으나 수상하지 못함. 1751년 같은 대회에 응모했던 〈학예론 *Discourse on the Arts and Sciences*〉은 최우수상을 받았음.

다음 질문에 대해 간단히 서술하시오.(─부분은 참고만 할 것)

1. 〈불평등 기원론〉에 등장하는 완성가능성의 역할은 무엇인가.

   ─ 제1부에서 소개된 완성가능성은 인간과 동물을 구분하기 위해 처음 사용된다. 그러나 인간의 무한한 발전 능력은 제2부에서 진단된 많은 문제점 아래 놓여 있다. 그것은 완성가능성의 양면적인 본질, 즉 한편으로는 종(種)으로서의 인간을 정신적·육체적 능력의 한계까지 이끌고, 다른 한편으로는 언어와 이성을 낳았을 뿐만 아니라 자기애의 발생과 문명인을 노예화시키는 욕구 체계를 이끌어내기 때문에 개별적 인간을 비참하게 만든다. 완성가능성이 없었다면 인간은 여전히 자연 상태에 머물렀고 훨씬 행복했겠지만 인간적이지는 않았을 것이다. 완전가능성을 논하려면 인간 진보의 매개이자 근대 사회의 수많은 결점에 책임이 있는 자질로서의 역할을 모두 고려해야 한다.

2. 〈불평등 기원론〉에서 제시하는 자연 상태에 대한 전원적인 견해는 무엇인가?

   ─ 루소는 그런 일은 하지 않았다. 그는 홉스의 견해와 달리 자연 상태는 전혀 '궁핍하고, 비열하고, 잔인하고, 짧지 않다'는 견해를 밝히고, 시민사회의 현재 모습과 호의적으로 대비시키면서도 이상화하지는 않고 있다. 루소의 견해에 의하면 자연 상태의 인간은 게으르고, 거처가 없으며, 감정적인 애착이나 부부간의 애정도 없고, 야수들과 싸워야 한다. 그들의 삶과 장래의 전망은 문명인보다 낮지만, 근대인들의 삶과

비교했을 경우에만 그렇다고 주장할 수 있다. 루소는 야만인들이 단순히 자신들의 능력과 한계에 대해 완전한 그림을 그려낼 수 있다고 해서 우상화하지는 않는다. 그보다는 루소가 거의 모든 다른 이론가들에 비해 좀더 긍정적인 견해를 가졌다고 주장하는 편이 정확하지만, 그의 통찰력을 희화하지 않도록 주의해야 한다. 특히 그 주제에 관해 많은 책에서 발견되는 용어인 루소의 '고상한 야만인'에 대해 언급하지 않도록 유의해라. 루소는 그 용어를 사용하거나 언급하지 않았으며 많은 시간을 갖고 생각하지도 않았을 것이다. 루소가 보기에 야만인은 단순하고 행복하지만, 특별히 고귀하지는 않다.

3. 〈불평등 기원론〉에서 루소가 선호하는 정부 형태는?

— 이것은 교묘한 질문이다. 만약 여러분이 도덕적 불평등은 현대 세계의 불가피한 특성이고 어떤 정부에서든 싹틀 수 있다고 생각한다면 독재정이 가장 불평등한 것 같고 최악의 통치 형태인 것이 분명하다. 민주정은 자연 상태에서 가장 조금 벗어난 정부 형태이므로 루소가 선호했던 본보기로 여겨질 수 있다. 그러나 그는 특별히 어떤 형태를 찬성하지 않고, 어떤 체제가 최상인지는 그저 '시간'이 드러내 줄 것이라고 말한다. 그러나 저서 앞부분의 제네바에 바치는 글의 맥락에서 보면, 제네바는 결코 민주정이 아니었으므로 선거에 의한 귀족적 형태의 공화정에 개인적으로 강한 애정을 가진 것으로 여겨진다. 여러분은 두 가지 가능성 모두와 〈불평등 기원론〉이 〈사회계약론〉에서 발견되는 종류의 해결책들을 제시하기보다는 근대 정부의 문제점을 진단하고 있다는 점을 염두에 두어야 한다.

4.   루소가 〈불평등 기원론〉에서 언어를 취급하는 태도는?

5.   동물들이 자연권에는 참여할 수 있으나 자연법에는 참여할 수 없는
     이유가 무엇인가?

6.   루소의 입장에서 볼 때, 독재와 자연 상태의 공통점은 무엇인가?

7.   루소가 〈불평등 기원론〉을 '정부들에 대한 가설적인 역사'라고 명
     명한 이유는?

8.   루소는 자기가 기술한 심리적이고 정치적인 문제점들을 인간이 치
     유할 수 있다고 보는가? 만약 그렇다면 그 이유는 무엇인가?

9.   "누구든 명령하려고 들지 않는 자를 복종 상태로 끌어들이기는 매
     우 어렵고, 제 아무리 영악한 정치가라고 하더라도 '자유롭기'만을
     바라는 사람들은 결코 굴복시키지 못한다"라는 인용문을 참고해서
     루소가 근대 사회의 자유를 어떻게 생각하는지 토론하라.

10. 어째서 야만인은 행복한가?

다음 질문에 알맞은 답을 고르시오.

1. 자연권에서 도출되는 두 가지 원칙은 무엇인가?
   A. 이기심과 이익
   B. 자기보존과 연민
   C. 자기연민과 꾸물거림
   D. 자기부정과 고통

2. 도덕적 혹은 정치적 불평등은 무엇에 의존하는가?
   A. 동의나 관습
   B. 강제
   C. 침체
   D. 숙고

3. 루소는 자연 상태에 관한 논의를 전개할 때 주로 누구의 견해를 공략 대상으로 삼는가?
   A. 돌바크
   B. 호프만
   C. 홉스
   D. 그로티우스

4. 〈불평등 기원론〉은 누구에게 헌정되었는가?
   A. 제네바 공화국
   B. 제네바 시민들
   C. 제네바의 행정관들
   D. 제네바 은행가들

5.   루소는 신체적 불평등과 도덕적 불평등의 정확한 관계에 대해 어떻게 생각하는가?

   A. 도덕적 불평등이 신체적 불평등을 야기시킨다.

   B. 진실을 추구하는 이성적이고 자유로운 사람들이 던질 질문이 아니다.

   C. 신체적 불평등은 결국 도덕적 불평등으로 이어진다.

   D. 신체적 불평등은 근대 사회에서는 존재하지 않고, 도덕적 불평등만 자연 상태에서 존재했다.

6.   자기애를 낳는 것은 무엇인가?

   A. 이성

   B. 자연 재해

   C. 자기보존

   D. 연민

7.   시민사회의 진정한 창립자는 누구인가?

   A. 루소

   B. 최초로 땅뙈기에 울타리를 치고, 타인들에게 '내 땅'이란 자기 말을 믿게 만든 사람

   C. 홉스

   D. 최초로 집을 짓고 자기 집이라고 권리를 주장한 사람

8.   인간에게 자부심이란 개념은 어떻게 생겨나는가?

   A. 거울을 들여다보고 그 속에 보이는 것을 좋아하는 사람에 의해

   B. 이성의 작용에 의해

   C. 인간 종족들 사이의 전쟁에 의해

   D. 동물을 사냥하고 굴복시켜 길들이면서 종의 우월성을 깨닫는 인간에 의해

9. 루소에 따르면, 야만인은 어디에서 사는가?

A. 숲 속

B. 해변

C. 산맥

D. 제네바

10. 불평등과 사유재산의 출현에 기여한 가장 중요한 두 가지 요소는 무엇인가?

A. 환유법(換喩法)과 농업 관련 사업

B. 형이상학과 천문학

C. 야금술과 농업

D. 제조와 양봉장

11. 〈불평등 기원론〉은 언제 발간되었는가?

A. 1755년 5월

B. 1755년 3월

C. 1754년 10월

D. 1754년 9월

12. 〈불평등 기원론〉이 참여한 학술대회를 주관한 주체는 누구인가?

A. 제네바 공화국

B. 디종 아카데미

C. 프랑스 왕

D. 열등생 모임

13. 〈불평등 기원론〉은 첫 면에서 누구의 글을 인용하는가?

A. 아르테미오

B. 아스클레피우스

C. 앞 페이지에는 인용문이 없다.

D. 아리스토텔레스

14. 만일 어떤 정부가 군주제 형태를 취하고 있다면, 그 정부 형태가 우리에게 암시하는 바는 무엇인가?

A. 한 사람의 권력, 부 또는 신망이 두드러졌다.

B. 신체적 불평등이 없고 도덕적 불평등만 존재했다.

C. 사람들이 특히 잘 속아 넘어갔다.

D. 도덕적 불평등이 없고 신체적 불평등만 존재했다.

15. 불평등의 마지막 단계는 무엇인가?

A. 왕정

B. 민주정

C. 귀족정

D. 독재정

16. 독재치하에서 남아 있는 유일한 법은 무엇인가?

A. 주인의 의지

B. 적자생존

C. 폭도의 지배

D. 자연법

17. 근대 사회는 현인들의 눈에 무엇을 제공해 주는가?

A. 바보들의 의회

B. 눈이 따가운 광경

C. 인위적인 인간과 부자연스러운 열정의 집합

D. 인위적인 열정과 광적인 인간의 의회

18. 루소는 〈불평등 기원론〉을 무엇이라고 지칭하는가?

   A. 정부들의 가정적 역사

   B. 가정들에 관한 정부들의 역사

   C. 도덕적 불평등과 신체적 불평등을 조화시키려는 시도

   D. 철학적 검토

19. 모든 인간들이 평등을 누리던 두 가지의 상태란 무엇인가?

   A. 자연 상태와 전쟁 상태

   B. 자연 상태와 초기 정부

   C. 인간은 자연 상태에서만 오로지 평등하다.

   D. 자연 상태와 독재정

20. 아침에 침대를 팔고 저녁이면 울면서 그것을 다시 사오는 원시인이 있다면, 루소의 견해에 따를 때, 그에게 부족한 것은 무엇인가?

   A. 미래에 관한 개념

   B. 상식

   C. 사려분별

   D. 체념

21. 인간의 언어 습득 방법에 대한 루소의 생각은?

   A. 마을 공동체에서

   B. 어머니와 자식 사이의 관계에서

   C. 학교에서

   D. 자연스럽게

22. 루소는 언어에 대해 대체로 누구의 생각을 받아들이는가?

   A. 콩디야크 신부

   B. 캐딜락 신부

C. 아리스토텔레스

D. 홉스

23. 근대 사회의 인간 조건으로부터 자연 상태의 인간 조건을 복원시키려는 의도의 가치는 무엇인가?

A. 두 상태의 시간적 · 공간적 거리가 인지되는 한에서 나타나는 얼마간의 가치

B. 결국 하나로부터 나머지 하나가 발달했으므로 매우 크다.

C. 매우 크지만, 단지 카리브스 같은 원시인 공동체가 여전히 존재하기 때문이다.

D. 전혀 없다.

24. 인간 최초의 언어는 무엇인가?

A. 자연의 외침

B. 야생의 호출

C. 에스페란토어

D. 야만적인 외침

25. 불평등 제도를 고려할 때, 이제까지의 인간 발달 과정에서 루소가 제안하는 최고 최적의 정부 형태는?

A. 독재정

B. 왕정

C. 귀족정

D. 민주정

정답 |

1. B   2. A   3. C   4. A   5. B   6. A   7. B   8. D   9. A   10. C

11. A   12. B   13. D   14. A   15. D   16. A   17. C   18. A   19. D   20. A

21. B   22. A   23. D   24. A   25. D

一以貫之 논술노트

불평등은 인간의 피할 수 없는 숙명인가? ○

실전 연습문제 ○

一以貫之는 '논어'에 나오는 말로 '모든 것을 하나의 이치로 꿴다'는 뜻입니다.

논술의 주제와 문제 유형, 제시문들은 참으로 다양하고 가지각색입니다. 그러나 그 모든 것을 하나로 꿸 수 있습니다. '인간사회의 보편적 문제들에 대한 근원적인 물음에 답하는 자기 나름의 견해'라는 것이지요. 논술은 인간이면 누구나 부닥치는 개인적 또는 사회적 문제들에 대한 자기 나름의 고민이자 성찰입니다. 논술은 자기견해, 자기 가치관, 자기 삶에 대한 솔직한 고백입니다.

一以貫之 논술연구모임은 '자신의 물음'과 '자신의 생각'을 갖고 '자신의 글'을 쓸 수 있도록 도와줍니다.

〈집필진〉
박천호, 김재년, 이호곤, 우한기, 박규현, 김법성, 김병학, 도승활, 백일, 우효기, 조형진

불평등은 인간의 피할 수 없는 숙명인가?

▌태초에는 인간이 평등했으나 …

소위 '계몽의 시대'라고 불렸지만, 전제군주가 지배하던 18세기 유럽의 상황이 배경인 〈인간 불평등 기원론〉이 던지는 질문과 시사점은 다양하다. 여기서 루소는 인간들이 사회를 유지하고 존속시키기 위해 가장 기본적인 전제라고 생각하는 '소유'의 문제와 '능력의 차이'로 정당화되던 불평등 문제에 대한 재고를 요구한다. 그는 인류 역사의 진행 과정을 미개한 원시 시대로부터 이성을 계발하면서 여타 동물들과 구별되는 문명을 이룩해 온 '진보'로 파악하지 않고, 강자가 자신들의 이익과 소유권을 지키기 위해 자연법을 인간이 제정한 법률로 대체하고, 부와 권력을 존속시킬 사회 구조를 유지하기 위해 약자에게 일정한 대가를 제공하고 있을 뿐이란 점을 밝힘으로써 당시의 사회 구조와 인간 사회의 불평등을 통렬히 비판한다.

루소의 '원시적 인간'과 '자연 상태'

루소는 본격적인 논의 주제인 불평등의 기원을 밝히기에 앞서 인간 자체에 내재된 본성에 대한 탐구를 먼저 진행한다. 루소에 따르면 이러한 논의의 순서는 '인간 자체를 알지 못하면 인간들 사이에 존재하는 불평등의 기원을 알 수 없기 때문'(33쪽. 이하 쪽수는 〈인간불평등 기원론〉 주경복·고봉만 옮김 책세상 참고)이다. 불평등의 기원을 알기 위해서는 가설을 통해서만 추론할 수 있는 문명 이전의 인간의 근원적인 모습, 즉 인간 본성에 대한 탐구가 필요하다고 생각했던 그는 자기보존에 대한 관심과 더불어 같은 종의 구성원이 고통받는 것을 보면 느끼는 측은지심인 연민을 인간의 근본적인 두 가지 원리로 파악한다. 인류의 역사에 대한 가상적 추론을 통해 루소가 도달한 원시저 인간에 대한 결론은 다음과 같다.

원시의 인간은 일도 언어도 거처도 없고, 싸움도 교제도 없으며, 타인을 해칠 욕구가 없듯이 타인을 필요로 하지도 않고, 어쩌면 동류의 인간을 개인적으로 단 한 번도 만난 적 없이 그저 숲 속을 떠돌아다녔을 것이다. 그는 얼마 안 되는 정념의 지배를 받을 뿐 스스로 자족하면서 자신의 상태에 맞는 감정과 지적 능력만을 갖고 있었다. 원시의 인간은 자신의 진정한 필요만을 느꼈고, 눈으로 보아 흥미롭다고 여겨지는 것만 쳐다보았다. 그의 지능은 그의 허영심과 마찬가지로 발달하지 못했다. 우연히 그가 어떤 발견을 한다 해도, 그는 자신의 자식조차 기억하지 못하기 때문에 그것을 전수할 수 없었다. 기술은 발명자와 더불어 소멸했다. 교육이란 것은 존재하지 않았으며 아무런 진보도 없이 세월이 흐름에 따라 세대가 이어질 뿐이었다. 그리고 각각의 세대는 언제나 똑같은 지점에서 출발했으므로, 최초 시대의 모든 조야함 속에서 수백 년이 되풀이되며 흘러갔다. 종은 이미 늙었으나 인간 개체는 항상 어린애로 머물러 있었다.(89쪽)

루소는 타인을 필요로 하거나 그에 의존하지 않는 원시의 인간을 문명 시대의 인간보다 더 건강하고 자유로운 존재로 생각한다. 모든 동물의 가장 원초적 원리인 자기보존 욕구와 동족에 대한 연민만을 지닌 인간은 나쁜 일을 할 수 없으며, 그것은 '지식의 발달이나 법의 구속 때문이 아니라, 정념이 평정을 유지하고 악덕을 모르기 때문'(80쪽)이라고 루소는 주장하고, "어떤 사람이 악덕을 모른다는 것은 다른 사람이 미덕을 알고 있다는 것보다 유익하다"(80쪽)고 말한다. 루소의 '원시적 인간'은 문명사회의 '질서'를 유지하는 수만 가지의 정의와 법이 형성되지 않은 시대를 살았고, '정의'나 '미덕'에 대한 기초적 사유를 진행할 이성을 보유한 존재가 아니었다. 문명사회 이전의 인류는 '정의'

가 어떠한 것인지, 지켜야 할 '법'이 무엇인지도 몰랐지만, 그들 안에 본래 내재해 있던 근본 원리에 충실함으로써 스스로의 행복을 유지할 수 있었다.

　루소는 공통적 본성을 지닌 인간들 사이에서 일정한 차이가 나타나기 시작한 기원을 그가 인간이 타고난 성질 가운데 변하기 쉬운 것이라고 정의하는 '인간 구조'의 변화 속에서 찾는다.(34쪽) 본래 평등했던 인간은 어떤 수단에 의해 변화 혹은 개량, 아니면 악화되었거나 본래 상태로 머물러 있음으로써 불평등해졌다는 것이다. 이러한 불평등은 '형이상학적이고 도덕적인' 측면에서의 인간의 특성 때문에 나타난다. 루소에 의하면 인간은 동물과 모든 측면에서 같지만 한 가지 다른 점은 자유로운 주체로서 자연의 활동에 협력한다는 점이다. 즉 동물은 본능에 따라 움직이지만, 인간은 자유로운 행위에 따라 취사선택한다는 것. 이러한 점에서 인간과 동물을 구별 짓는 것은 지성이라기보다는 인간의 자유로운 주체로서의 특질과 자신을 개량하고 변화시킬 수 있는 가능성이라고 본다.

　그렇다면 이러한 인류의 변화는 어떻게 이루어졌을까? 이 질문에 답하기에 앞서 루소는 먼저 기존의 자연법론자들—그로티우스, 로크, 홉스 등—의 주장이 지닌 문제점에 대해 이야기한다.

어떤 사람들(그로티우스)은 자연 상태의 인간에게 정의와 불의의 관념이 있었다고 추측하기를 주저하지 않았으나, 인간이 이런 관념을 가졌음에 틀림없다는 것과 그 관념이 인간에게 유용했으리라는 것까지 증명해 보일 생각은 하지 않았다. 다른 사람들(로크)은 각자 자기에게 속한 것을 간직하려고 하는 자연권에 대해서 말했으나, 그들은 '속한다'는 것이 무엇을 의미하는지는 설명하지 않았다. 또 다른 사람들(홉스)은 우선 강자에게 약자에 대한 권력을 주면 거기서 바로 정부가 생겨난다고 주장했으나, 권력이나 정부라는 말의 의미가 사람들 사이에 알려질 때까지 흘러간 시간에 대해서는 생각하지도 않았다. 끝으로 그들은 모두 욕구, 탐욕, 압박, 욕망, 교만 등에 대해 끊임없이 논하기는 했으나, 그것은 자기들이 사회에서 얻은 관념을 자연 상태 속에 옮겨놓은 데 불과했다.(46-47쪽)

이러한 루소의 진술은 그동안 다른 자연법론자들이 말해 왔던 '자연 상태'가 실상 인간의 본성이 변화하기 이전의 '자연 상태'를 설명한 것이 아니며, 그들이 묘사한 미개인은 실상 문명인이었다는 점을 말하고 있다. 즉, 그들이 말하는 '자연 상태'는 루소가 파악하기에는 '자연 상태'가 아닌 당시 문명 속에서의 인간의 모습을 과거에 그대로 옮겨놓은 것에 불과했다.

굴종의 끈은 인간 상호간의 의존과 인간들을 결합시키는 상호적 필요성이 없으면 형성되지 않는다는 점을 알 것이다. 그러므로 누구나 어떤 사람을 복종시킨다는 것이 그를 다른 사람 없이는 살아가지 못하는 처지에 두지 않는 한 불가능하다는 것을 알 수 있다. 그런데 자연 상태에서는 이와 같은 처지가 존재하지 않는다. 따라서 자연 상태에서는 누구나 속박에서 전적으로 자유로우며 강자의 법칙은 무용지물이 되고 만다.(92쪽)

동족들끼리 서로 필요성을 느끼지 않고 각각의 개인이 필요와 욕구에 따라 자유로운 삶을 영위했던 자연 상태에서는 굴종과 예속도 존재할 수 없으며, 상호간의 비교나 관계에 대한 인식조차 없기 때문에 불평등이 생겨나지 않음은 물론이다. 이와 같은 루소의 사유는 인간 세계에 존재하는 불평등은 인류의 탄생과 함께 시작되었으며 인간 본성에 근거한 것이므로 피할 수 없는 숙명이란 생각과 정면 배치된다. 각각의 개인이 보유한 능력은 본래부터 차이가 있을 수밖에 없기 때문에 불평등은 불가피하다는 자유주의 정치 철학의 기본 전제와 달리, 루소는 '자연 상태'에서는 불평등이 존재하지 않았으며, 불평등이 형성된 것은 여타 동물과 다를 바 없는 '자연 상태'의 인간이 어떠한 형태로든 일정한 변화를 겪었기 때문이라고 주장한다. 이처럼 불평등을 개인의 능력 차이가 아니라 전반적인 인류의 변화나 사회의 형성 과정에서 찾는 순간, 불평등은 개인적 차원이 아닌 사회의 문제가 된다. 그렇다면 현재와 같은 인간 사회의 불평등은 어떻게 형성되었는가? 루소는 〈인간 불평등 기원론〉의 제2부에서 어떤 과정을 통해 자연 상태의 인간들 사이에 불평등이 형성되었는지를 규명하고자 한다.

2. 소유, 인간 불평등의 기원

어떤 땅에 울타리를 두르고 "이 땅은 내 것이다"라고 말하리라 생각하고 다른 사람들이 그런 말을 믿을 만큼 단순하다는 사실을 발견한 최초의 인간이 문명사회의 실질적인 창시자이다. 말뚝을 뽑아버리고 토지의 경계로 파놓은 도랑을 메우면서 동류의 인간들을 향해 "저런 사기꾼의 말을 듣지 마시오. 과일은 모두의 소유이고 땅은 그 누구의 소유도 아니라는 사실을 잊는다면 당신들은 파멸할 것이오"라고 외친 사람이 있었다면, 그는 얼마나 많은 죄악과 싸움과 살인, 얼마나 많은 비참과 공포에서 인류를 구제해 주었을 것인가?(95쪽)

인간 본성에 대한 루소의 설명이 진실이라면 현대 사회에서 너무나 익숙하며 그것 없이는 사회가 존속될 수 없을 것이라고까지도 인식되는 '소유'란 개념은 원시의 인간에게는 존재하지도 않았을 것이다. 루소는 소유 관념이 어느 한 시점에 갑자기 생겨난 것이 아니라 인간의 최초 자연 상태로부터 순차적으로 진행된 많은 관념상의 변화 속에서 형성되었다고 파악한다. 인간의 정신 속에 소유의 관념이 생겨나는 과정을 문명이 형성되는 역사를 추적해 설명하고 있는 것.

인간이 가진 최초의 감정은 자기생존에 대한 것이며, 최초의 관심은 자기보존에 대한 것이다. … 마음에서 우러난 감정이라고는 전혀 없는 이러한 맹목적인 경향은 순전히 동물적인 행위만을 낳았을 뿐이다. … 갓 태어난 인간의 상태는 이러한 것이었다. … 이와 같이 다양한 것들을 스스로에게 또 인간 상호간에 되풀이하여 적용한 결과, 인간의 정신 속에는 자연스럽게 어떤 종류의 관계에 대한 지각이 생겨났다. … 이 같은 발전의 결과로 얻은 새로운 지식은 인간으로 하여금 다른 동물에 대한 우월성을 자각하고 과시하게 했다. … 점차 인간은 자신에게 유용한 동물들에 대해서는 주인이 되고 자신에게 해로운 동물들에 대해서는 골칫거리가 되었다. 이리하여 인간은 자기 자신에게 눈길을 보냄으로써 비로소 자존심이라는 것을 지니게 되었다. 그리고 존재의 서열을 거의 구분하지 못하던 중에 인류라는 자기의 종이 가장 높은 서열에 위치한다고 생각하게 되면서 일찍부터 개인으로서도 첫째라고 자부하려는 조짐을 보였다.(96-98쪽)

당시의 인간과 그의 동족들의 관계는 현재 우리와 우리 동포들과의 관계와는 달랐다. 당시의 인간은 다른 동물들과 교류하는 것 이상으로 동족들과 교류한 적은 없었다. … 시간이 흐르면서 그는 자신과 동족들 사이 또는 자신의 이성과 자기 자신 사이의 공통점을 깨닫게 되었고 이에 따라 자신이 아직 모르고 있었던 그들과의 공통점까지 알게 되었다. … 이제 그는 공통의 이해관계 때문에 동포들의 도움에 의지해야 하는 드문 경우와, 경쟁을 위해 그들을 경계해야 하는 더 드문 경우를 구분할 수 있게 되었다. … 사람들은 자신들도 모르는 사이에 상호간의 약속과 그로 인한 이득을 깨닫게 되었다. (98-99쪽)

자연 속에서 살아가며 동족 인류에게 의존하거나 그들과의 관계에서 여타 다른 동물들과의 관계 이상의 것을 추구하지 않았던 인간은 자연 재해, 다른 동물들과의 다툼, 인간의 수적 증가에 따른 식량 부족 등의 이유로 공동생활을 영위하기 시작한다. 각자 독립적으로 살아가던 인류에게 공동생활은 새로운 경험이었음에 틀림없다. 본능에 따른 욕구와는 차별적인 새로운 개념과 감정의 체험, 상호 교류에 필요한 언어의 발달, 그리고 자신의 욕구 충족만이 기준이 되는 것이 아니라 타인에 의한 평가에 따라 선호와 서열의 체계가 형성되면서 불평등이 싹트기 시작했던 것이다.

이제 모든 것이 모습을 바꾸기 시작한다. 지금까지 숲 속을 유랑하던 사람들은 좀더 안정된 장소를 얻었으므로 점차 서로 가까워져 무리를 이루고 드디어 각 지방마다 국가를 형성하게 된다. … 자연이 요구하는 일시적 교류가 곧 거듭되는 왕래로 인해 즐겁고 영속적인 또 다른 교류를 낳는다. 사람들은 이제 여러 가지 사물들을 바라보고 비교하는 데 익숙해진다. 그리고 무의식중에 가치와 미의 관념을 얻게 되고 그것이 다시 좋고 나쁨에 대한 감정을 낳게 된다. … 정신 속에 일종의 부드럽고 달콤한 감정이 스며들고, 사소한 반대에 부딪쳐도 심한 분노가 느껴진다. 사랑과 함께 질투가 싹튼다. 불화가 승리하고 가장 부드러운 정념이 인간의 피로 얼룩진 희생을 요구하게 된다. … 저마다 남을 주목하고 자신도 남에게 주목받고 싶다는 생각을 하면서 남들에게 인정받는 것이 하나의 가치를 지니게 되었다. … 이것이 불평등을 향한, 그리고 동시에 악덕을 향한 첫걸음이었다.(102-103쪽)

이전에는 자유롭고 독립적이었던 인간이 이제는 무수한 새로운 욕구로 인해, 이를테면 자연 전체에, 특히 자기 동족에게 복종하게 되어, 결국 그는 그 동족의 주인이면서도 어떤 의미에서는 그들의 노예가 되었다. … 마침내 인간은 탐욕스러운 야심이나 진정한 필요성 때문이 아니라 재산을 늘려 남보다 우위에 서려는 열망 때문에 서로를 해치려고 하는 옳지 못한 경향을 불러일으키고, 더욱 확실한 성공을 거두기 위해서 친절의 가면을 쓰기

일쑤이기에 더욱 위험하다고 할 수 있는 은밀한 질투심을 불러일으킨다. … 이 모든 악은 소유가 낳은 최초의 결과이며 이제 자라나기 시작한 불평등과는 따로 떼어서 생각할 수 없는 동반자이다.(111-112쪽)

3. 인민을 보호하기 위한 국가인가, 수탈하기 위한 국가인가?

소유권을 둘러싸고 끊임없는 분쟁과 약탈, 전쟁이 계속되자 이러한 혼란 속에서 얻을 것이 별로 없는 빈자들과는 달리 엄청난 손해와 비용을 감수해야 했던 부자들은 적대자들의 저항을 무마하기 위해 소유권을 둘러싼 투쟁을 혼돈으로, 자신들에게 유리한 불평등을 평화적인 상황으로 포장하는 가운데 자신들의 이익을 보호할 제도들을 확립하기 시작한다. 루소는 이들의 주장을 다음과 같이 묘사하고 있다.

마침내 부자는 절박한 필요에 따라 인간의 정신 속에 일찍이 스며든 적이 없는 가장 교묘한 계획을 생각해냈다. 그것은 바로 자신을 공격하는 자들의 세력 자체를 자신에게 유리하게 사용하고, 자신들의 적대자들을 자신의 방어자들로 만들고, 그 적대자들에게 다른 준칙을 불어넣어 자연법이 자신에게 불리했던 것과 마찬가지로 자신에게 유리한 다른 제도들을 그들에게 부여하는 것이었다. … 그는 그들에게 다음과 같이 말했다. "약자를 억압에서 보호하고 야심가를 제지하며 각자에게 소유를 보장해 주기 위해 단결합시다. 정의와 평화를 가져다주는 규칙을 정합시다. 그것은 모든 사람들이 지켜야 하며, 어느 쪽도 차별하지 않고 강자와 약자를 평등하게 서로의 의무에 따르게 하는, 말하자면 운명의 변덕을 보상하려는 규칙입니다. 요컨대 우리의 힘을 우리에게 불리한 방향으로 돌리지 말고 하나의 최고 권력에 집중시킵시다. 현명한 법률에 따라 우리를 다스리고, 사회의 모든 성원을 보호하고 방위하며, 공동의 적을 물리치고, 영원히 우리를 단합시키는 권력에 집중시킵시다!"(114-115쪽)

이처럼 각 지역에서 사회가 성립됨에 따라 처음에는 집단과 집단, 사회와 사회 사이에 균열이 존재했다. 그러나 시간이 흐르자 사회 간의 통합에 따른 민족과 국가 단위가 생겨나면서 분열과 대립이 일어났고, 이처럼 거대한 사회와 사회 사이에서 인간의 본래 성격인 자연적 동정심은 완전히 소멸되기에 이르렀다. 루소는 이러한 국가 간의 분열과 전쟁이 국가 혹은 민족이란 명분으로 같은 인간의 목을 자르고 피를 흘리게 하고, 집단적 살육을 통해 명예를 얻는 것이 미덕으로 간주되는 처참한 결과를 낳았다고 비판한다.

루소는 소유권 설정으로부터 시작된 불평등의 종착점

을 무규범과 절대 군주에 대한 맹목적 복종만이 남아 있는 전제군주정이라고 주장한다.

함께 모인 사람들을 갈라놓아 약하게 만들 수 있다면, 겉으로는 조화를 이루는 듯 보이지만 사실은 분열의 씨가 뿌려질 수 있다면, 또한 권리나 이해의 대립을 통해 상호간에 불신과 증오를 불어넣어 여러 계급을 억압하는 권력을 강화시킬 수 있다면, 수단과 방법을 가리지 않고 이를 조장하는 통치자들을 볼 수 있을 것이다. 바로 이 무질서와 변혁 속에서 전제군주제는 … 법률과 국민까지 짓밟고 국가의 폐허 위에 우뚝 서게 될 것이다. … 인민은 이미 통치자도 법률도 갖지 못하게 되고 오직 폭군만을 갖게 된다. 이 순간부터는 풍습과 미덕이 문제되지 않는다. … 전제군주가 지배하는 곳에서는 전제군주 외의 다른 어떤 지배자도 허용되지 않기 때문이다. 전제군주가 입을 열자마자 고려해야 할 올바름이나 의무는 이미 사라지고 극도로 맹목적인 복종만이 노예들에게 남겨진 유일한 미덕이 된다. 이것이 바로 불평등의 마지막 도달점이며, 우리가 순환을 마감하면서 이르게 되는 출발점이자 종점이다. 여기서는 모든 개인이 다시 평등해진다. 그들은 아무것도 아니고 신민은 이미 주인의 의지 외에는 아무런 법률도 갖지 않으며 주인은 자기의 정념 외에는 아무런 규범도 갖지 않으므로 선의 관념이나 정의의 원리가 다시 사라져버리기 때문이다.(135-136쪽)

　　루소의 사상은 프랑스 혁명에 사상적 기반을 제공한 것으로도 널리 알려져 있다. 루소는 전제군주가 인민의 의사와 무관하게 폭정을 일삼을 경우, 인민이 군주를 물리적 힘으로 타도하고 권력을 쟁취하는 행위가 가능할 뿐 아니라 정당하다고 생각했다. 인민을 보호하기 위해서가 아니라 인민을 억압하고 권력자의 이익을 정당화하려는 목적으로 형성된 현재의 국가는 루소에게 타도의 대상일 뿐이다.

　　정부의 계약은 전제군주제에 의해 너무 많이 파기되어 있으므로, 전제군주는 자기가 최강자로 있는 동안만 지배자이다. 따라서 사람들이 전제군주를 몰아내려 한다면 그는 이러한 폭력에 전혀 항의할 수 없게 된다. 술탄을 죽이거나 왕위를 박탈하는 폭동도, 그가 전에 신민들의 생명과 재산을 마음대로 처리했던 행위와 마찬가지로 법적 행위다. 오직 힘만이 지탱하고 있었던 그를 타도하는 것도 힘뿐이다. 모든 일은 이와 같이 자연의 질서에 따라 이루어진다.(136-137쪽)

4. 완료형이 아닌, 진행형의 '불평등'

　　지금까지 살펴본 인류 문명의 전개에 대한 루소의 사유는 엄밀한 역사적 고증을 통한 것이라고 보면 무리가 있으며, 상당 부분은 그의 추론에 의한 것이다. 그러나 실증적 고증에 의한 서술이 아니란 이유만으로 인류문명사에 대한 그의 진술을 무의미한 것으로 치부해 버린다면 적절하지 못하다. 당시에는 인간 본성은 악하고 자연 상태는 투쟁과 물리적 폭력이 지배하는 혼돈의 공간일 수밖에 없기 때문에 이를 통제하고 질서를 부여하기 위한 국가와 규율은 절대적으로 필요하다는 담론이 전제군주의 통치와 억압을 정당화해 주고 있었다. 따라서 루소가 언급하는 국가와 법률의 기원은 국가와 군주의 통치에 대해 새로운 시각을 제시한다는 측면에서 엄청난 파괴력을 지닌 저항의 담론으로 기능할 가능성을 가지고 있었다. 루소에 의하면 사회와 법률은 부자들이 집단 내의 치안과 질서 유지를 통해 사유재산을 정당화하고 부와 권력으로부터 가난한 사람들을 배제하여 자신들의 이익을 합법적으로 보장하기 위해 만들어낸 제도다. 이러한 주장은 인민이 무질서와 혼란, 무작위적 폭력이 난무하는 무정부적 상태로부터 자위(自衛)를 위해 계약을 통해 군주에게 권력을 부여한 것이므로 전제군주의 권력은 정당하다고 주장했던 홉스 같은 사회계약론자들의 논지와 정면 배치된다.

이렇듯 루소의 사상은 국가가 인격화된 모습이라고 할 수 있는 전제군주의 억압 통치에 대한 저항의 근거를 제공했으며, 그의 생각처럼 전제군주정은 세계 도처에서 인민들의 저항 속에 붕괴되었다. 그러나 전제군주정의 소멸과 대의민주주의의 성립이 모든 악의 소멸을 의미하지는 않는다. 전제군주정의 붕괴 이후에도 인류는 피비린내 나는 살육과 전쟁을 계속했다. 그리고 사유(私有)에 대한 성찰이 없는 자본주의 체제가 전 세계에서 인류 역사 진보의 종착점으로 인식되고 보편성을 획득하면서 상위 20퍼센트가 총자원의 80퍼센트를 소유하는 부를 누리는 반면, 하위 80퍼센트의 빈자들은 20퍼센트의 자원만으로 살아가는 현대 사회에서도 인간 불평등의 문제는 여전히 해결되지 않은 채, 삶을 악화시키고 있다. 이러한 현실 속에서 인간 불평등의 원인을 사유, 현대적인 형태로는 자본주의적 소유라고 지적하는 루소의 견해는 강한 시사점을 던져준다. 자본주의적 생산양식에 의해 추동된 생산력의 발달과 과학기술의 진보가 인류에게 더 나은 삶을 안겨줄 것이란 기대는 전쟁, 환경오염 등 다양한 형태의 위협에 대한 우려로 바뀌고, 전제군주의 지배에서는 벗어났지만 시장논리에 따라 삶이 좌우되는 지금, 인간 본성의 파괴와 불평등의 기원을 '소유'에서 찾는 루소의 사상은 인류 역사와 현대 사회의 문제점에 대한 성찰의 계기를 제공하면서 자본주의적 소유와 시장 질서에 대해 문제를 제기하고 저항을 촉구한다는 점에서 여전히 유효하다. 인류 역사에서 불평등의 문제는 완료형이 아닌, 진행형의 문제인 것이다.

불평등은 자연 상태에서는 거의 찾아볼 수 없으므로 인간 능력의 발달과 정신의 진보에 따라 성장하고 강화되며 소유권과 법률의 제정에 따라 안정되고 합법화된다고 결론내릴 수 있다. … 자연법을 어떻게 규정하든, … 대다수의 사람들이 굶주리고 살아가는 데 꼭 필요한 최소한의 것마저 갖추지 못하는 판국인데 한 줌의 사람들에게서는 사치품이 넘쳐난다는 것은 명백히 자연의 법칙에 위배되기 때문이다.(140쪽)

# 실전 연습문제

1. 다음 글을 읽고,

1) (가)의 '행복을 추구할 권리'는 (나)의 어떤 개념과 일맥상통
   하는지 밝히고,

2) (나)의 논지를 옹호, 또는 비판하는 가운데 (가)의 마지막 부
   분에 제기된 물음에 대한 답을 우리 사회에 존재하는 불평
   등의 사례를 근거로 하여 논술하시오.(EBS 논술 교재(1999)
   변형)

(가)

적어도 아리스토텔레스만큼 오래된 하나의 철학원리
에 따르면 공평성은 우리가 평등한 것은 평등하게 불평등
한 것은 불평등하게 취급할 것을 요구한다. 그렇다면 문제
는 시민으로서 우리는 어떤 점에서 평등하고 어떤 점에서
당연히 올바르게 불평등한가라는 것으로 귀결된다. 독립선
언문으로 돌아가 보자. "우리는 다음과 같은 진리를 자명
한 것으로 받아들인다. 모든 사람은 평등하게 태어났고, 누
구나 조물주에게서 일정한 양도할 수 없는 권리를 부여받
았으며, 이 권리에는 생존권과 자유권, 행복추구권이 포함
된다." 평등의 원래 상태가 아무리 완벽해도 사람들에게 자
신들의 행복을 추구할 권리를 주어보라. 그러면 얼마 가지

않아 반드시 중대한 불평등이 나타난다. 이것이 잘못된 일인가? 반드시 그렇지는 않다. 그러나 그것은 바로 성취라는 미국 정치문화의 또 다른 핵심적인 가치를 가리킨다. 성취할 자유가 있고 성취에 대해 보상을 받는 것은 미국인들에게는 평등만큼 중요하다. 응원단장 적격시험에서부터 주식 포트폴리오 관리에 이르기까지 모든 것에서 성취는 마땅히 인정받고 보상받을 자격이 있다고 우리는 믿는다. 성취를 이루고 성취에 대해 불평등하게 보상받을 자유는 평등에 모순되고 경쟁적인 가치다. 이 상충하는 가치들 중에서 우리는 어떻게 선택해야 하는가?

(나)

　정치상의 차별은 필연적으로 시민들 사이에 차별을 가져온다. 국민과 통치자들 사이에 증가되어가는 불평등은 서서히 개개의 사람들 사이에서도 감지되며, 정념(情念)이나 재능에 따라 그리고 그때 그때의 상황에 따라 여러 가지로 남용된다. 위정자는 비합법적으로 권력을 탈취할 경우에 그 일부를 양도해 주어야 하는 부하를 만들지 않을 수 없다. 그리고 시민들이 압제를 용납한다고 하더라도, 그것은 다만 맹목적인 야심에 이끌려 자신의 위보다는 아래를 내려다보면서, 독립보다는 권위에 복종하기를 더 좋아하고, 그들이 타인을 쇠사슬에 묶기 위해 자진하여 쇠사슬에 묶이는 데

동의할 때뿐이다.

인간을 부리려는 야심을 조금도 갖고 있지 않은 자에게 복종을 강요하는 것은 어려운 일이다. 또한 아무리 교묘한 정치가라고 하더라도 자유롭기를 원하는 사람들을 예속시키기란 대단히 어렵다. 그러나 언제나 운명의 위험을 무릅쓰는 야심가나 자기에게 유리하게 되느냐 불리하게 되느냐에 따라서 무작정 지배하기도 하고 봉사하기도 하는 비겁한 사람들 사이에서는 불평등이 무한정 확대된다. 그리하여 국민들이 눈멀어 있을 때, 지도자들은 가장 열등한 자들을 향해 "위대할지어다. 그대와 그대의 가문은!" 하고 한마디만 던져도, 그는 곧 자기 눈뿐만 아니라 모든 사람들의 눈에도 위대해 보였을 것이다. 그의 자손들은 세월이 가면 갈수록 점점 더 지위가 올라갔고, 원인이 모호하고 불확실할수록 그 결과는 점점 위대해졌다. 그리고 일가 가운데 게으른 자의 수가 많아질수록 가문은 점점 더 유명해졌다.

여기서 좀더 상세히 들어간다면, 나는 다음과 같은 것을 쉽사리 설명할 수 있다. 즉, 설사 정부가 간섭하지 않더라도 개개의 인간이 동일한 사회 속에서 찾아볼 수 있는 차별을 고려하게 되면, 그들 사이에는 신용과 권위의 불평등이 생길 수밖에 없다는 것이다.

이와 같은 차별은 몇 가지로 구분될 수 있다. 그러나 통상 부(富), 신분, 지위, 권력, 개인적인 능력이 주요한 구분이 되며, 이것들에 따라 사람들은 사회 속에서 자신의 위치를 차지하므로, 나는 이들 서로 다른 세력의 조화나 충동이 국가 구성에 좋고 나쁨을 판단하는 가장 정확한 자료임을 증명할 수 있다. 또한 이 네 가지 불평등 속에서 개인적인 성질의 것이 다른 모든 것의 기원이므로, 나는 부(富)가 다른 불평등이 귀착되는 근원적인 불평등임을 보여줄 수 있다. 왜냐하면, 부(富)는 가장 직접적인 안락을 위해 유용하며 가장 쉽게 이전될 수 있기 때문이며, 인간은 그 밖의 모든 것을 사들이기 위해 부를 자유롭게 활용할 수 있기 때문이다.

대다수의 사람들이 암담함과 비참함 속에서 헤매고 있을 때 몇몇 권력자와 부자가 권세와 부(富)의 절정을 누리고 있는 이유는, 여타의 사람들이 없어서 고통을 받고 있는 것만큼 몇몇 권력자와 부자들이 권세와 부를 향유하기 때문이다. 따라서 국민의 불행이 끝나는 순간 아무런 조건이 바뀌지 않더라도 그들의 행복은 끝나게 된다.

〈유의사항〉

1. 띄어쓰기 포함하여 1,600자 내외(±200)로 쓸 것.

2. 제목은 쓰지 말고 본문부터 시작할 것.

3. 한 편의 완결된 글이 되도록 할 것.

4. 맞춤법과 원고지 사용법을 준수할 것.

5. 답안 내용에 자신의 신분을 드러낼 수 있는 표현을 하지 말 것.

6. 제시문 속의 문장을 그대로 쓸 때는 인용 부호를 사용할 것.

2. 다음 글을 읽고,

다음 두 개의 제시문은 산업화된 현대 문명에 대한 반성적 성찰을 담고 있다. [제시문 1]과 [제시문 2]의 논지를 발전시켜 현대 문명을 통해 우리가 잃은 것과 얻은 것이 무엇인지, 그리고 현대 문명에서 우리가 보존해야 할 것과 버려야 할 것을 구체적으로 밝혀서 앞으로 건설해야 할 미래 문명의 바람직한 방향에 대해 논술하시오.

【제시문 1】

　　우리가 영감을 얻을 수 있는 모델을 시간과 공간을 초월하여 설정한다는 것에는 분명히 어떤 위험성, 진부라는 현실을 과소평가하게 되는 위험성이 존재한다. 요컨대 우리의 주장은 사람들이 언제 어느 곳에서나 동일한 과업을 수행했고, 동일한 목적을 부과했으며, 오직 그 변천 도중에 방법만 변했다는 것이다. 나는 이 같은 태도가 전혀 혼란스럽지 않다는 점을 고백해야겠다. 사실이란 역사와 민족학에 의해서 우리에게 시사되는 것이므로 이 같은 태도는 사실들에 가장 밀접해 있는 듯하다. 특히 이 같은 태도가 내게는 풍요한 것으로 보인다. 진보에 열광하는 자들은 그들이 주시하는 좁은 지역의 양면에 우리 인간들이 축적해 왔던 무한한 풍요에 대해서는 거의 아는 바가 없는 것이다. 그들은 과거에 이루어진 것을 과소평가함으로써 앞으로 우리가 완수해야 할 모든 것을 헐뜯는 셈이 된다. 지금까지 우리들 인간이 살기 좋은 사회를 만든다는 단 한 가지 일에만 몰두해 온 것이 사실이라면, 아득한 옛 선조들의 사회개혁을 위한 용기는 현재의 우리들에게도 의당 있을 것이다. 승부는 아직 끝나지 않았다. 우리는 언제든 다시 시작할 수 있다. 시도했다가 실패한 것은 다시 새롭게 시작될 수 있는 것이다. "맹목적인 미신이 우리의 앞뒤에다가 자리 잡게 했던 황금시대는 바로 우리들 속에 있다." 인류의 박애정신이란, 가장 빈곤한 부족사회에서 우리 자신의 모습을 재확인하고 우리 사회가 겪은 수많은 경험에다 덧붙여서 이 빈곤한 부족사회의 경험을 교훈으로 소화시킬 수가 있을 때, 비로소 그 진정한 뜻을 알 수 있게 된다. 그 교훈은 예전의 신선함을 지니고 우리에게 나타날 수도 있다. 왜냐하면 우리는 인간이 과거 수천 년 동안에 걸쳐 이룩해 놓은 것이라고는 반복의 역사밖에 없음을 잘 아는 이상, 수없이 되풀이되는 인간의 모든 종류의 사색에 구애됨이 없이 '시작'이라는 것이 얼마나 중요한 의의를 갖는지를 언제나 반성의 출발점으로 삼는 그런 고귀한 생각을 가질 수 있을 것이기 때문이다. 하나의 인간이란 사실은 우리들 각자가 하나의 계급,

하나의 사회, 하나의 나라, 하나의 대륙, 그리고 하나의 문명의 구성원이라는 것을 의미한다. 또한, 우리들 유럽인으로서는 신세계의 중심부를 탐험하는 일이란, 무엇보다도 우선 이 세계가 우리 것이 아니었던 만큼, 그것을 파괴한 죄과는 우리가 덮어써야 한다는 것을 의미한다. 또 한편으로는 그 같은 신세계가 앞으로 또다시 우리 앞에 나타날 기회는 아주 없을 것이란 사실도 가르쳐준다. 이러한 사실을 깨닫게 되면, 우리는 우리 자신으로 되돌아와서 애초에 우리 세계가 신세계에 대해서 가질 수 있는 여러 가지 임무 중에서 어느 한 가지를 택할 기회를 가졌으면서도 그것을 잃어버리고 만 그 시절, 그 위치에 우리들 자신을 다시 놓을 수 있기를 바라는 것이다. (중략)

　인간은 그의 무대들을 옮겨가면서 과거에 그가 소유했던 모든 위치들과 미래에 소유하게 될 모든 위치들을 함께 가져간다. 그는 동시에 어느 곳에서도 존재하며, 또 전진해 나가는 활동 속에서 과거에 취해진 모든 단계들을 매 순간마다 요약하는 하나의 군중이기도 하다. 왜냐하면 우리는 여러 개의 세계들 가운데서 살기 때문이다. 그리고 이 각각의 세계는 그 속에 있는 세계보다는 더욱 진실하지만, 그것을 둘러싸고 있는 세계에 대해서는 가짜인 것이다. 이 세계들 중에서 어떤 것은 활동 가운데서 이해될 수 있으나, 어떤 세계들은 우리가 그것들을 우리의 사고 속에 지니고 있기 때문에 존재한다. 그러나 이 세계들의 공존에서 생기는 명백한 모순은, 우리들이 우리에게 보다 가까운 세계에 대해서는 의미를 부여하고, 보다 떨어진 세계에 대해서는 의미를 주지 않도록 강요받고 있다는 사실에서 해결되고 있다. 진실은 오히려 의미의 점진적인 확대 가운데 존재한다. 그러나 그 확대는 밖에서부터 안으로 작용하는 것이고, 또 폭발점까지 밀고 나아가는 것이다.

그러므로 한 사람의 민족학자로서 나는, 전체로서 하나의 인간성에 적합하고, 그 자체 내에 존재 이유를 지니고 있는 모순으로 고민하던 사람은 이미 아니다. 내가 그 두 개의 극단을 분리시켰을 때만이 그 모순이 지속되었다. 만약 행동을 지도하는 그 사고가 무의미를 발견하게 된다면 그 행동의 사용은 무엇을 위한 것인가? 그러나 그 발견은 즉각적으로 이루어질 수는 없다. 그 발견을 생각해야만 하는 한, 나는 그것을 갑자기 한꺼번에 생각할 수는 없다. 거기에는 불교의 보살들의 경우에서처럼 열두 단계가 있을 수도 있다. 그러나 단계가 더 많든 적든 간에 그것은 오직 하나의 단일한 전체로서 존재한다. 그리고 만약 내가 그 단계들의 끝에 도달하려고 한다면 나는 나에게 무언가를 요구하는 각각의 상황을 계속적으로 겪어나가도록 요청받게 될 것이다. 나는 지식의 혜택을 받고 있듯이 인류에게서도 혜택을 받고 있다. 역사·정치학·사회적 세계·경제적 세계·물리적 세계,

심지어는 하늘까지 이 모든 것들이 동심원을 이루며 나를 둘러싸고 있다. 그리고 만약 내가 나의 존재의 어떤 부분들을 이들 각각에게 양보한다면 나는 사고에서 이 동심원들로부터 겨우 벗어날 수 있다. 물속으로 떨어지면서 물의 표면에 파문을 만드는 조약돌처럼, 나는 물의 깊이를 측량하려 한다면 물속으로 뛰어들어야만 하는 것이다.

세계는 인간 없이 시작되었고, 또 인간 없이 끝날 것이다. 내가 일생을 바쳐 목록을 작성하고, 또 이해하려고 노력하게 될 제도나 풍습 또는 관습들은 만약 이것들이 인간성으로 하여금 그것의 운명 지어진 역할을 수행하도록 허용하지 않는다면, 전혀 무의미해지고 마는 어떤 창조적 과정에서의 일시적인 개화이다. 그러나 그 역할은 우리 인간에게 어떤 독립적인 위치를 배당하지는 않는다. 또한 비록 인간이 저주받을지라두 7의 헛된 노력들은 하나의 보편적인 몰락과정을 저지하는 방향으로 진행될 것이다. 인간성의 운명적인 역할과는 전혀 달리, 인간의 역할은 다른 어떤 것보다도 더욱 완전한 점에까지 도달해 있는 하나의 기계와 같다. 이 기계의 활동은 처음의 질서를 급히 해체하여 어떤 강력하게 조직된 물질을, 점점 커지다가 언젠가는 명확해지는 타성의 조건으로 빠지게 한다. 인간은 숨쉬는 방법과 살아나가는 방법을 처음 배웠던 시대로부터 불을 발견한 시대를 거치고 오늘날의 원자 및 원자핵반응에 필요한 설계를 발명해낸 단계를 거쳐 자손을 낳는 경우만을 제외하고는 수백만 개의 구조들을 즐겨 분해하여 그 요소들을 재결합할 수 있는 상태에까지 이르게 한다. 물론, 인간은 도시도 세웠고 땅도 경작했다. 그러나 만약 우리가 이 같은 활동들을 면밀히 조사해 본다면, 이 활동들 또한 타성을 생기게 하는 기계들이며, 이 기계들의 활동범위와 속도는 그 속에 함축되어 있는 조직의 총계보다 엄청나게 크다는 점을 발견하게 될 것이다. 인간정신의 창조라는 점에 대해 이야기한다면, 그 창조란 그 정신과의 관계에서만이 의미를 지니고, 그 정신이 존재하지 않게 되면 즉시 무로 빠져버린다. 그러므로 전체로서 하나의 문명은 매우 복잡하게 된 하나의 메커니즘으로 표현될 수 있다. 비록 그 메커니즘을 존속이라는 우리 우주의 최대의 희망으로서 간주해 보고 싶지만, 그것의 진실한 기능은 물리학자들이 말하는 '엔트로피(entropy)', 말하자면 타성을 만들어내는 것이다. 주고받는 모든 대화나 인쇄된 각행(各行)은 두 사람의 대화 사이에 하나의 커뮤니케이션을 확립하며, 두 개의 상이한 면에서 이미 존재했고, 또 그렇기 때문에 보다 큰 조직도를 지니게 되었던 것을 평준화시킨다. 최고도로 전개된 형태 속에서 이 해체의 과정을 연구하는 학문의 이름은 '인류학(anthropology)'이라기보다는 '엔트로폴로지(entropology)'라고 써야 할 것이다.

—레비 스트로스 〈슬픈 열대〉

【제시문 2】

　　라다크가 많은 점에서 모범적인 사회인 까닭에, 오늘날 라다크의 젊은이들이 원시적이고 추하다고 자기들의 문화를 거부하기 시작한 것은 참으로 비극적인 일이다. 그 지역에는 여전히 거의 아무런 변화가 없었고, (전략적인 이유로) 외국인들에게는 접근금지구역이었다. 그러나 갑자기 1974년 가을에 라다크는 관광객에게 문을 열었다.

　　그곳의 많은 사람들 눈에 비친 최초의 서구인으로 내가 도착했을 때, 젊은이들과 노인들은 다 같이 자기들 사회에 자부심을 갖고 있었다. 그들은 자기들이 가진 것을 자랑스러워했고, 스스로 부유하게 산다고 생각했다. 지금도 노르부라는 한 친구의 손님으로 헤미아 슈크파찬 마을에 갔던 일이 생생하게 기억난다. 그 마을은 크고 훌륭한 집들이 즐비한 특히 아름다운 곳이었으므로 나는 호기심에서 마을의 가장 가난한 집을 보여달라고 부탁했다. 그는 잠시 생각하더니 "우리는 가난한 집이 없습니다"라고 말했다. 이것은 아홉 해 전의 일이다. 지난해에 나는 노르부가 어떤 관광객에게 하는 말을 엿듣게 되었다. "정말 우리 라다크를 도와주시면 좋겠어요. 우리는 너무 가난합니다."

　　나는 지금 이러한 가슴 아픈 변화를 보고 있다. 사람들이 스스로를 바라보는 인식이 극적으로 변하고 있는 것이다.

관광객들과의 접촉을 통해서 얻는 외부세계에 대한 왜곡된 인상 때문에 젊은이들은 자신들을 가난하고 박탈된 존재로 생각하기 시작했다. 라다크가 처음 문을 연 뒤부터 해마다 1만5천 명 가량의 부유한 서양인들이 침입해 들어왔다. 서양인들은 부유하고, 쾌락을 위해서 수천 마일을 여행할 수 있다. 그들은 단지 며칠간 머물기 위해 먼 길을 와서는 하루에 백 파운드를 소비한다. 백 파운드는 라다크의 한 가족이 일 년 동안(여기서 돈은 사치품을 사는 데만 사용되는데) 소비할 수 있는 돈이다.

젊은이들에 대한 피해는 파멸적이다. 그들은 갑자기 딴 사람들은 일도 하지 않고 여행하면서 엄청난 돈을 쓰고 멋지게 지내는데, 추한 모습으로 일하고 사는 자기들의 부모와 조부모들은 어리석은 사람들이 틀림없다고 생각한다. 라다크 사람들에게 일이란 것은 육체노동을 뜻한다. 이곳에는 정신노동으로부터 오는 스트레스라는 개념은 알려져 있지 않다. 그래서 현대적인 사람은 일을 하지 않는다는 인상을 갖는다. 기계가 모든 일을 해준다고 생각하는 것이다. 그 결과, 라다크의 젊은이들은 자기들이 원시적인 농부들의 무리에 속하지 않고 우아한 현대 세계에 속한다는 것을, 블루진과 선글라스와 라디오와 전동자전거를 가지고 보여주려고 한다. 블루진이(그건 흔히 불편한데) 그 자체 고유한 흥미가 있어서가 아니라 그것들은 현대 세계를 상징하기 때문이다. 마찬가지로 영화는 스포츠카를 타고 질주하면서 사람들에게 총격을 가하는 일이 현대적이고 찬미할 만한 것이라는 인상을 준다.

갑작스럽게 라다크 사람으로 산다는 사실은 좋지 않은 것이 되었다. 현대적으로 보이기 위해 무슨 짓이든 하지 않으면 안 되게 되었다. 비극적이게도 이것은 마을을 버리고 수도로 가서 온갖 현대 세계의 장식품들을 살 수 있는 돈을 번다는 뜻이다. 그 당연한 결과로 이제는 기초적인 용품을 독자적으로 마련한다는 것은 불가능해진다. '현대적' 의상이 수입되어야 하고, 현대적인 콘크리트 집에서 현대적인 음식을 먹어야 한다. 수입된 흰쌀과 밀가루를 먹어야 하는 것이다.

좁은 서구 경제학의 틀에서 보더라도 새로운 방식은 옛날 방식보다 더 비경제적이다. 그러나 좀더 넓은 시아에서 볼 때 그 파멸적인 영향은 너무나 끔찍하다. 간염발생률이 높아지고 여태까지 알려지지 않았던 위장병들이 만연하는 등 도시의 건강상황이 쇠퇴하고 있다. 사람들의 정신적 대도도 변화하고, 알코올 중독이 또 하나의 전혀 새로운 위협이 되고 있다. 전에는 사람들이 모여서 즐겁게 술을 마시고 취하기도 했다. 그런데 지금의 도시 상황은 매우 달라졌다. 사람들은 매일 매일의 생존현실로부터 도피하고자 알코올에 기대어버린 것이다. 폭력도 증가하고 있다. 더욱 미묘하게, 그러나 더욱 근본적으로 옛 상호의존사회는 공격을 받고 있고, 삶의 질은 떨어지고 있다. 전통적으로 남성들과 거의 대등하며 강력한 지위를 가지고 있던 여성들은 새로운 산업화가 그들에게 아무런 자리를 마련하지 않는다는 것을 발견하게 되었다. 노인들도 비좁은 도시공간에서 아무런 기능도 역할도 없이 소외되고 있다. 그리고 이제 남자들은 일 년 중 열한 달 동안 고정된 시간에 단조로운 똑같은 노동을 되풀이하고 있다.

일반적으로 개발이라는 것은 인공적인 체계로 땅 표면을 덮어버리는 증기롤러 같은 것이다. 하나의 생활방식으로서 이 인공적인 체계는 무한히 다양한 땅이나 인간 문화와는 아무런 연관이 없다. 이러한 '진보'는 신성한 원리, 즉 지상의 모든 생명의 상호의존성에서 전적으로 벗어난 것이다.

미국에서 1억부 이상 판매된 기적의 논술가이드
클리프노트가 한국에 상륙했다!!

방대한 고전을 하루만에 독파하는 스피드
다락원 명작노트 **CliffsNotes™** 시리즈는

▶ 미국대학위원회, 서울대, 연·고대 추천 고전을 알기 쉽게 재구성한 대한민국 대표 논술교과서입니다. ▶ 작품의 핵심내용과 사상, 역사적 배경, 심볼, 작가의 의도 등을 명확하게 정리하여 방대한 원작을 쉽고 빠르게 이해할 수 있게 해줍니다. ▶ 미국에서 리포트, 논술용으로 1억 부 이상 팔린 초베스트셀러의 명성에 비평적 사고와 논리적 글쓰기의 모델을 제시하는 〈一以貫之〉의 논술 노트를 통해 사고 능력, 읽기 능력, 쓰기 능력을 체계적으로 길러줍니다.

★ 〈一以貫之〉 논술연구모임: 대입 논술이 시작될 때부터 학원과 학교에서 논술을 가르쳐온 전문가들의 모임입니다. 현재 서울·분당·평촌·인천·광주·부산·울산 등의 유명 학원과 고등학교의 논술강의 현장에서 학생들이 '자신의 물음'과 '자신의 생각'을 갖고 '자신의 글'을 쓸 수 있도록 도와주고 있습니다.

다락원 **명작노트** **CliffsNotes™** 시리즈 50권 출간

001 걸리버 여행기　002 동물농장　003 허클베리 핀의 모험　004 호밀밭의 파수꾼　005 구약 성서

006 신약 성서　007 분노의 포도　008 빌러비드　009 이반 데니소비치의 하루　010 카라마조프 가의 형제들

011 순수의 시대　012 안나 카레니나　013 멋진 신세계　014 캉디드　015 캔터베리 이야기　016 죄와 벌

017 크루서블　018 몽테크리스토 백작　019 데이비드 코퍼필드　020 프랑켄슈타인　021 신곡

022 막대한 유산　023 햄릿　024 어둠의 심연 外　025 일리아드　026 진지함의 중요성　027 제인 에어

028 앵무새 죽이기　029 리어 왕　030 파리대왕　031 맥베스　032 보바리 부인　033 모비딕

034 오디세이　035 노인과 바다　036 오셀로　037 젊은 예술가의 초상　038 주홍 글씨　039 테스

040 월든　041 워더링 하이츠　042 레미제라블　043 오만과 편견　044 올리버 트위스트　045 돈키호테

046 1984년　047 이방인　048 율리시스　049 실낙원　050 위대한 개츠비